身近かで見た小原國芳先生

Kuniyoshi Obara

体験的小原國芳論

潟山盛吉 Morikichi Gatayama
石橋哲成 Tetsunari Ishibashi
著

玉川大学出版部

はじめに

鹿児島県出身の教育者、玉川学園ならびに玉川大学の創立者、小原國芳先生がこの世を去られたのは1977（昭和52）年12月13日のことでした。本日、2022（令和4）年12月13日から振り返ると、ご逝去からすでに45年の月日が過ぎ去ったことになります。当然のことながら、生前の小原國芳先生を知る者も少なくなってしまいました。甥であり、『小原教育』（玉川大学出版部）の著者である京都大学名誉教授の鯵坂二夫先生も、長男で、元玉川学園長、玉川大学長であった小原哲郎先生も、すでに故人になられてしまいました。

生徒、学生、随行秘書、授業の助手として、小原國芳先生の晩年の17年間を身近かで過ごすことができた私は、これまでも小原先生についての執筆依頼があるとそれに応じて書いてきましたし、折に触れていろいろメモをしてもきました。小原國芳先生を知る人が少なくなった今、不十分なものであっても、小原國芳先生について知っていることを後世に伝えることは、義務ではないかとさえ思い始めました。そこで、この機会にこれまで書いたものを集め、まだ書き足りないことを付け加えて一冊の本にすることにしました。

とは言え、小原國芳先生の90年の生涯を考えたとき、私が身近かで接した晩年の17年間はあまりにも短く、とても十分に書き尽くせるものではありません。そこで思い出したのが、小原先生の傍で50年間の長きにわたって共に過ごされた潟山盛吉《がたやまもりきち》さんが、1983年に自費出版された『小原先生と共に』の存在でした。

1970年3月、私は玉川大学を卒業してからの1年間、随行秘書としてほとんど毎日、身近かで小原國芳先生に接することになりましたが、そのときに、小原先生の運転手をされていたのが潟山盛吉さんでした。潟山さんは、九州の鹿児島県伊集院の出身。1925（大正14）年9月に、当時まだ成城学園におられた小原國芳先生の運転手になられ、1929年の玉川学園創立以後は、1976年の3月に70歳で退職されるまで、小原國芳先生を乗せてハンドルを握られました。私が小原國芳先生の随行秘書になったとき、潟山さんは小原先生とすでに45年の月日を共にされていました。小原先生をどこかに一緒に送り届けて、二人で帰る車の中では、潟山さんから成城学園、玉川学園の草創期の話、またその状況の中で小原國芳先生がどのような活動をされていたのかを聴くのがとても楽しみでした。

潟山さんは1997（平成9）年12月に享年91歳で逝去されました。潟山さんの『小原先生と共に』を引っ張り出して読んでみますと、当時聴いていたことも多くつづられています。その内容には今読み直しても、なお深い感動を覚えます。もちろん、そこには小原國芳先生についてのみでなく、関連する方々の記述もかなり多いので、文章をそのまま再現するわけにはいきませんが、手直ししてでも、潟山さんが小原國芳先生について執筆されたものも一緒に載せて、私の足りない部分を補ってもらえたらと願いました。

潟山さんが生きておられ、この話をすれば、「僕の気持ちがわかっている石橋君が手直ししてくれるのであれば、共著として出版してもいいよ！　許すよ！」と言ってもらえるような気がしています。しかし、潟山さんは先にも触れたように、すでに故人になってしまわれました。そこで、潟山盛吉さんのご長男である潟山和成氏にことの次第を説明し、潟山さんの文章を石橋が責任をもって手直しすることで、掲載の許可を得ることができましたし、共著とすることを許してもらえました。この場を借りて、潟山和成氏に対して心よりお礼申し上げたいと思います。

本書の第一部では、私が知らない成城学園の草創期、玉川学園創立のための準備期から玉川学園草創期の小原國芳先生について潟山さんが執筆されたものを中心に選び出し、少し手直しさせてもらったうえで、15篇にして載せました。第二部以後の小原國芳先生については、玉川学園が創立30周年を過ぎて充実期を迎えたころから、晩年に至る小原先生について石橋が執筆した30篇を載せました。

冒頭においても触れましたように、小原國芳先生が亡くなって45年の月日が流れ、小原先生について直接知っている人も少なくなってきました。「そもそも小原國芳先生ってどんな人？」という質問も出てきそうですので、潟山さんが小原國芳先生に出会うまでの小原先生の生涯と教育活動について、ここで概観してみることにしたいと思います。

小原國芳先生は、１８８７（明治20）年4月8日、薩摩半島の先端、川邊郡南方郷久志村（現在の鹿児島県南さつま市坊津町久志）に、七人兄弟の三男坊として誕生されました。父親が金山に手を出して失敗。貧しい少年時代を過ごされました。学校の成績は良かったのですが、家が貧乏なるがゆえに、当時創立された旧制の川辺中学校に進学することができず、悔し涙を流されました。そこで、官費の電信学校に進み、大隅半島の大浜電信局、続いて大根占電信局で働かれました。実は、そこで人生の転機が訪れました。

大根占電信局勤務中に下宿されていた前田さん宅の娘さんの家庭教師をする中で、小原先生の内には、寺子屋の師匠だった祖父茂右衛門の後を継いで教育者になりたいという夢が甦り、教育の道へ進むべく、鹿児島縣師範学校（現、鹿児島大学教育学部）へと進まれました。鹿児島縣師範学校卒業後は、さらに広島高等師範学校（現、広島大学）へと進み、広島高等師範学校卒業後は、四国高松にある香川縣師範学校（現、香川大学教育学部）で教鞭をとられました。だが、さらに勉学への情熱抑えがたく、京都帝国大学文科大学（現、京都大学文学部）哲学科へと進み、教育学を専攻。西田幾多郎、朝永三十郎、波多野精一、小西重直らに学び、その後母校の広島高等師範学校で教鞭をとるかたわら、主に附属小学校の理事（教頭格）を務め、教育の理論と実践の一如を目指して奮闘されました。

１９１９年、小原國芳先生に再度人生の転機がやってきました。その2年前（１９１７年）に初等教育改造のための実験校として創立された成城小学校の校長澤柳政太郎博士から、同校の主事として働かないかとの招聘を受けられたのでした。小原先生は澤柳校長からの招聘を受け、その年の12月に上京。ここに成城小学校2代目主事小原國芳が誕生しました。成城小学校における教育体験と、長年の自らの思索の成果として提唱されたのが、１９２１年8月8日、当時大塚にあった東京高等師範学校（現、筑波大学）の講堂で開催された「八大教育主張講演会」における

「全人教育論」でした。

当時の世間における偏った教育に対して、人間性の調和的発達、すなわち学問教育（真）だけではなく、道徳教育（善）・芸術教育（美）・宗教教育（聖）・健康教育（健）・生活教育（富）の六つの面が統合的に教育されるべきことを主張されたのでした。小原先生満34歳のときのことでした。翌1922年3月には、成城小学校の第一回生が卒業する予定になっていました。1917年に澤柳政太郎博士によって創立された成城小学校は、当時の旧制成城中学校の附設として出発しましたが、その中学校は陸軍士官学校への予備門的性格を有する中学校であり、成城小学校とは教育目標を異にするものでした。

成城小学校を卒業する予定の子どもたちは、同じ教育方針の「全人教育」で中学校でも学びたい気持ちを持っていました。その保護者たちも、小原先生もまた同じ思いでした。そこで小原先生は、澤柳校長の許しを取り付け、熊本利平氏の経済的協力を得て、「成城第二中学校」を創設されたのでした。この成城第二中学校は1922年4月に無事開校しましたが、その翌年の1923（大正12）年の9月に起こったのが、「関東大震災」でした。

学校自体の被害は免れましたが、小原先生はこれを機会に、新宿牛込原町にあった「成城小学校」および「成城第二中学校」を郊外へと移転する準備に取り掛かり、当時の北多摩郡砧村（現在の世田谷区成城町）へと移転することにされたのでした。移転が行われたのは1925年のことであり、潟山盛吉さんが小原先生と出会ったのは、まさにこの年の9月のことでありました。小原國芳先生38歳、潟山盛吉さん18歳でした。この本の潟山さんの小原先生についての執筆は、ここから始まっています。

すでに小原國芳先生は歴史上の人物であり、三人称的に「小原國芳」と書くべきところですが、潟山さんにしても私にしても、長い間傍で仕えていただけに、本文でも二人称的に「小原國芳先生」または「小原先生」と書いています。ご理解をお願いします。

本のサブタイトルに「体験的小原國芳論」と入れましたが、堅苦しい叙述ではなく、身近かで見た人間・教育者としての小原國芳先生の生きざまを、できるだけわかりやすく叙述したつもりです。気楽に、好きなテーマからお読みいただければ幸いです。

小原國芳先生の逝去から45年目にあたる２０２２年12月13日

石橋哲成

目次

第三部 随行秘書時代に見た小原國芳先生（1970年〜） 石橋哲成

第四部 教育学科助手時代に見た小原國芳先生（1971年～） 石橋哲成

第一部

成城・玉川草創期に見た小原國芳先生

（1925年〜）

潟山盛吉

國芳先生（51歳）（1938）

國芳先生（40歳）（1927）

1 「やあ、オハンカ、潟山君というのは！」
――小原國芳先生との出会い

人と人との出会い、これほど魔訶不可思議なことはないと思います。あるとき、ある場所でつい先ほどまで、全くの未知の人間同士が出会い、お互いに意気投合し、心と心とが結び合い、師となり友となり、あるいは主従の関係となる。そして、生命ある限りこの交わりを、大事に保ち続けるという、これ以上美しいことはないと思います。

1925（大正14）年9月の半ばごろ、当時、東京の牛込区原町（現在の新宿区原町）の成城小学校へオンボロの自動車を運転して、小原先生をお迎えに行ったのです。どんなお顔の先生だか、写真を見たこともない、なんとも心が落ち着かなかった私です。しばらくして、ニコニコ顔の先生が出てこられ、「やあ、オハンカ、潟山君というのは！ アタイ（僕）が小原だよ。ヨロシュタノモンド（よろしく頼むぞ）」と、鹿児島弁丸出しの挨拶をしてくださったのです。これが小原國芳先生との初めての出会いでした。上京して間もない私のこととて、標準語がろくに使えないのです。ドギマギするばかり。頭をピョコンと一つ下げるのがやっとでした。

「さあでかけよう。ちょっと、イデア書院に立ち寄って帰るから、電車通りに出たら右折して、

五、六百メートル行ったら山伏小学校がある。そこで止めて」と。先生の指図に従い、走り出したのです。初めて先生をお乗せしたので、運転免許試験以上の緊張でした。先生は下車され、横丁へ。しばらくして一人のお伴を連れてこられ、「さあ帰ろう。この人が高井というんだ」と紹介されました。また一つピョコンと頭を下げるだけの私。この高井さんこそが、先生の避雷針役をされ、後に玉川大学図書館長をされた高井望先生だったのです。

東京の地理のわからない新米運転手です。右に左にと高井先生から指示されるまま、新宿に出て、甲州街道を西へ西へと進みました。そのころの甲州街道はまだ田舎でした。どうやら笹塚か代田橋あたりまで商店街が並んでいるくらいです。下高井戸あたりからは全くの田舎の淋しいデコボコ道。ちょうどその日は夕刻から小雨が降りはじめ、九月中旬とはいえ、薄ら寒い夜でした。オンボロのT型フォード。道が悪いうえ、ライトの光は懐中電灯の明るさよりも暗く、二、三十キロのスピードが精一杯でした。

一時間半か二時間も走ったでしょうか。砧の成城の先生のお宅に着いたのです。高井先生が「お姉さま、ただ今」と。先生は、「信子、今日は珍しいお客様と一緒だ。食事の用意は」と、玄関に入るか入らないうちに、もう夕食の催促をされました。小原先生が、「おい潟山君、遠慮はいらん。早くこっちへ来たまえ」と言われますが、田舎者の私は心臓が高鳴るばかり。さて奥様になんと挨拶してよいやら、その心配でした、

言われるままに席に着きました。先生が「この人が潟山君という、これから運転手として働いてもらわねばならない。頼むぞ、信子！」と私の代弁をしてくださる始末でした。「潟山君も今

日から、我が家の一員だ。これが僕の奥さんで、信子だ」と紹介してくださいました。

先生は、奥様の脇に寄り添う4、5歳ぐらいの坊ちゃんの頭をなでながら、「これが哲郎だよ」、続いて奥様の膝の上にダッコされている、生まれて間もない赤ん坊を指さされて、「百合子というのだよ」と紹介されたのでした。

いよいよ夕食が始まりました。いささか空腹になっていた私です。平べったい鍋には野菜がいろいろ、それに牛肉だか豚肉だかが、グツグツ煮えているのです。とても美味しそうな匂いです。「遠慮なく腹いっぱい食べなさいよ」と奥様の優しいお言葉ですが、どうして食べてよいやら、箸は持っても手が出ません。そのはずです。スキヤキというのは、生まれて初めてです。先生と高井先生の真似をして、おそるおそる食べていますと、「ホイ、食べろよ」と、あれもこれもと私の皿一パイに取ってくださる先生でした。

哲郎坊ちゃんは先生と奥様の間で、先生にもたれかかりながら、キラキラと輝く利発そうな眼差しで、私のしぐさを見落とすまいとじっと見つめておられる。私をどこの田舎者かと思っておられるだろうと気になり、なおのこと、うまく食べられないでいる口先に、「ホイ、潟山君、おいしいぞ、食べろよ」と先生はごちそうを運んでくださる。思わず、大きな口を開けた私。その様を見て、哲郎坊ちゃんがまるで赤ん坊みたいだと、身をゆすって大きな声で笑い出し、なかなか止まりません。恥しいことでしたが、この哲郎坊ちゃんの笑いに釣り込まれ、つい私も笑い出したのです。もちろん先生も、奥様も高井先生も大笑い。なごやかな雰囲気に、包まれたのでした。

2 草創期のころの成城学園と小原先生
——成城幼稚園、旧制成城高校の創設

1925（大正14）年9月、小原先生と出会ったその日から、私は先生のお宅に住まわせていただくことになり、玄関脇の右手、三畳の、一段と高い部屋を私の居間にしてくださいました。奥様は、お手伝いのオリヤさんに言いつけて、夜具フトンも用意してくださいました。初めての夜です。あれやこれやと考えれば考えるほど、なかなか寝つかれないのです。

それでもどうにか眠ったらしく、目が覚めたとき、硝子戸の外が明るいのです。飛び起きて外に出てみると驚きました。成城学園内の小原先生宅の周囲には、ほとんど家の姿が見えないのです。ただ前に、先生が鹿児島縣師範学校時代に「山下町教会」でお世話になられた、ランシング先生のお宅があるだけです。前の夜は雨降りの闇夜でしたので、あたりの様子は全然わからなかったのです。実に驚きました。砧の高台はとても広いのです。

当時、神代村の入間集落までずっと平坦な土地で、麦畠あり、クヌギ林あり、あちらに松の大木が5本、10本、こちらに杉林、林の向うに家が一軒、麦畠の真ん中に一軒と、近所隣りのつきあいなんてできそうもない、まばらに数えるほどしか住宅はありませんでした。東京東京と、憧

れて来たのに、とんでもない田舎に来たわいと、いささか悲観したものです。

小原先生の自宅の応接間と庭を使って、成城の幼稚園がちょうど始まったころでした（1925年5月創立）。幼稚園といっても教職員子弟の保育を目的とした無認可の施設でした。前庭は、百坪近い芝生。樹齢百年近い松の木が7、8本、斜面の下はクヌギ林と杉の森。芝生が園児の運動場でした。幼稚園の主任は小林宗作先生。保姆役は、現在玉川学園健康院長、林先生の叔母様（林カツさん）で、宮崎という方がいろいろお手伝いをされていました。

園児といっても、わずか五、六人。人里離れた新開地の成城学園のことです。園児の集まるはずがありません。成城住宅内に居住されていた先生方のお子さんだけ。落合盛吉先生宅の良子さんに成郎ちゃん。のち玉川大学英米文学科長になられた榎本保彦先生宅の千鶴子さんに清子さん。小林宗作先生宅のみね子さん。それに小原先生宅の哲郎坊ちゃんだけのミニ幼稚園でした。

白色の山羊が一頭いました。園児の友だち兼オモチャというところでしょうか。木のリンゴ箱（現在は何もかもダンボール箱ばかりですが）に車をつけて、それを山羊に引かせた小林先生。その周りや前後に五、六人の園児がいる姿が、印象に残っています（写真①）。

成城幼稚園が当時の文部省によって正式に認可されたのは、1927（昭和2）年4月のことでした。1928年3月に、成城幼稚園の第一回生が卒園しました（写真②）。

小原先生はそのころ、成城学園に旧制の高等学校を設立なさるべく、夜も昼もなく関係官庁や銀行へ、父兄の家や近所の地主や農家へと、駆けずり回られ、キリキリ舞の連続で、日曜日でもお休みにならなかったです。1926年3月、成城第二中学校の第一回卒業式が挙行。小原先生の努力が実って、同月に旧制成城高等学校の認可が届き、翌4月には、旧制成城高等学校が開校して（写真③）、第一回生が入学したのでした。成城高校の第一回生が卒業したのは、1929年3月のことでした（写真④）。

　ときたまの暇に、小原先生は哲郎坊ちゃんの手を引いて、住宅地の道路工事、下水の工事等を見てまわられ、あそこの大きな松の木は切り倒さないように、ここの下水の勾配は水の流れをよくするようにと、工事の親方に指図して歩かれるものでした。先生の後や先になって、道端の石を拾っては投げ、あるいは蹴飛ばしながら嬉しそうに飛び歩いていた哲郎坊ちゃんでした。こんなときぐらいが哲郎坊ちゃんのお相手をされる先生の楽しい一時だったのです。

　小原先生はそのころから、方々に講演に出かけられました。府中小学校、調布小学校、砧小学

写真①　小林宗作先生と園児たち（白色の山羊が園児たちの遊び相手）

写真②　第一回成城幼稚園卒園式の後で（3列目左から三人目が小林先生、四人目が小原先生）

校へと、成城学園近くの小学校はほとんど回られました。講演の相手は主にお母さん方でした。神奈川県へも、川和小学校、宮前小学校等々。講演しておられる窓の下で、待ちながら私も聴いていました。ペスタロッチとアンナの恋愛、結婚論のお話など、四十歳そこそこの先生。気力旺盛な熱演ぶりが、今も目に見えるようです。底力のする声が耳にこびりついている感じです。千手観音様にでもなりたいねと、よく言っておられたものです。

一般のサラリーマン家庭の父親であれば、日曜日には家族揃ってピクニックや、土曜日には自宅の周りでいっしょに遊び、夜ともなれば一家揃っての夕食時の歓談。父と子との、十分な接触もできたと思いますが、哲郎坊ちゃんには、こういう機会は少なかったように思われます。

写真③　1926年4月、旧制成城高等学校が開校、第一回生が入学した

写真④　1929年3月、旧制成城高等学校第一回生が卒業した（前列左から2番目が当時の小原二夫、四人目が校長の小原國芳、後列右から2番目が大岡昇平）

3　澤柳政太郎先生と小原先生
——成城学園の産みの親と育ての親

ここで、小原先生から聴いた話を参考にして、私なりに、成城小学校がどのようにして生まれ、小原先生がどのようにして成城小学校の主事になられたのかをまとめておきたいと思います。

１９１７（大正６）年4月、澤柳政太郎先生は旧制の成城中学校への校長就任依頼を引き受ける交換条件として、成城中学校に付設の小学校の設置を要求されました。これが、成城小学校の出発でした。よく知られていますように、「私立成城小学校創設趣意」には、①個性尊重の教育附、能率の高い教育、②自然と親しむ教育　附、剛健不撓の意志の教育、③心情の教育　附、鑑賞の教育、④科学的研究を基とする教育、という四カ条が掲げられました。

成城小学校発足当時の主事は藤本（平内）という先生でしたが、どういう事情があったのか私にはわかりませんが、お辞めになってしまいました。その藤本主事の代わりとして白羽の矢が立ったのが小原先生だったと聞いています。当時、澤柳先生の秘書をされていたのが長田新という先生でした。長田先生が澤柳先生の使いとして、広島高等師範学校付属小学校の理事（教頭格）をされていた小原先生を訪ね、澤柳先生の意向を伝えられました。１９１９年12月、小原先生は上京され、澤柳校長のもと、成城小学校の2代目の主事に就任されたのでした。
「良き伯楽は、良き名馬を見いだす」という言葉がありますが、良き伯楽であられた澤柳先生が、自由奔放な野武士で、教育に真剣そのものの名馬小原先生を見出され、成城小学校の一切を委ねられたのです。小原先生は澤柳先生の信頼に応えるべく、澤柳先生の心を己の心とされ、ただただ成城一筋に身を粉にして苦闘され、牛込原町の成城小学校から砧の里に引っ越され、現在の成城学園の基礎を築かれたのです。澤柳先生がつき、小原先生がこねてできあがった成城餅です。形よくふくらんだ成城餅、成城関係者には、その業績を深く味わってもらいたいと思います。成城学園の産みの親は澤柳先生であり、育ての親は小原先生だったと言えるのではないかと思います。

成城小学校、成城第二中学校が牛込原町から、当時の北多摩郡砧村へ引っ越したのは1925年でしたが、私は、この年の9月ごろから小原先生宅に泊まり込んで、車の運転手をしていました。当時、澤柳政太郎先生は、目白にお住まいでした。成城のことを一切小原先生に任されていた澤柳先生は、毎週一回、職員会議の日に出席されるのでした。小田急線もまだ開通していませんでしたので、そのとき私は、京王線烏山駅までお迎えに行っていたのです。とても威厳のある、古武士のような姿の先生でした。私は、澤柳先生の威厳に圧倒されて、先生に問いかけられてもろくろく口もきけないものでした。

それから2年が過ぎ、砧の成城学園も落ち着き始めた1927（昭和2）年、小田急線が開通になり、「成城学園前駅」もでき、私の車での出迎えもなくなりました。そしてその年、澤柳先

成城小学校時代の澤柳政太郎校長（中列、左から3番目）と小原國芳主事（左から4番目）

生は成城の留守を小原先生に任せ、小西重直先生や長田新先生たちと一緒に、世界教育行脚に出発されました。ところが、旅行からの帰途、しょう紅熱《こうねつ》にかかって、帰国後急死されました。澤柳先生が逝去されたのは、同年12月24日のことでした。小原先生はガックリと気落ちされ、取るものも取りあえず、私の車で目白のお屋敷まで駆けつけられたものでした。

小原先生は、谷中の澤柳先生のお墓参りに何回となく行かれました。小原先生は、澤柳先生を尊敬され、澤柳先生が逝去された後も、ご遺族のことを何かと配慮されていました。

それから数十年が過ぎ、いつのころだったか正確には忘れましたが、成城の属啓成《さっかけいせい》先生のお宅へ呼ばれて行ったことがありました。その帰り、「潟さん、久しぶりだ。成城学園をちょっと覗いてみようか」とおっしゃり、成城の校門の松の下をくぐって、しばらく昔を偲ばれてか、感慨深そうにあちらこちら見回られました。ことにすぐ右手にあるナトルプ文庫の前に建っている澤柳先生の胸像の前に立たれた先生は、じっと見上げられ、手を合わせられました。それを見て私は、先生の恩師澤柳先生に対する敬慕の念の深さに、涙がこぼれました。

4　成城のスクールバス運転手として
――小原先生と澤柳校長に感謝する

昔の成城草分け時代の、私の最も印象深く、いまだに忘れずにいることを書いてみます。繰り返すことになりますが、牛込にあった成城小学校と成城第二中学校が、砧に移転してきたのは1925（大正14）年でした。1927（昭和2）年、小田急線が開通し、成城学園前の駅ができるまで、京王線の千歳烏山から成城学園までは、ガタピシのポンコツ車が、唯一の学生、生徒、教職員の足でありました。今でいうスクールバスですが、私は運転手をしていました。

朝早く生徒の登校時に、烏山に車を走らせる。駅から約百メートル程の甲州街道の街角にソバ屋さんがありました。ソバ屋さんの前がスクールバスの待合所でした。小さい小学生は正直です。学校の授業に遅れまいと、私の車より早く来て、一列に順番に並んでいたものです。高学年の生徒とか、2、3の教職員は時間ギリギリに来て、われ先にと乗り込むでしょう。せっかく行儀よく並んで待っていた小学生は、押しのけられ、次の車を待つ有様。このようなことがあまり度重なると、私は我慢できなくなりました。

私はそのころ若かったし、非常に乱暴者で、鹿児島県人独特の短気者でした。高等学校の英語の先生の中に車に乗る順番を守らない先生がいたりして、爆弾を落としたりしたことも数回ありました。ときには、順番を守らない先生を車から引きずり降ろしたこともありました。

そのことを遺恨に思ったある先生は、他の二、三人の先生を誘い込んで、あることないこと、私の悪口を並べて主事の小原先生に文句をつけました。「あんな乱暴者の潟山を、なぜ使っているのか、早く辞めさせてくれ」と。小原先生がそれを聞かれて、ある日「潟さん、ちょっと来い。話したいことがある」と呼びだされました。先生は私に「ガタ、お前は非常に評判が悪いぞ。先生たちに食ってかかったり、乱暴したりするらしいが、何か理由でもあるのか」とキビシい口調で聞かれるのです。

厳しく言われると、つい私も「それなら、私の意見もお聞きください」と言って、小原先生に申しました。「先生は、つね日ごろ、成城学園は日本一の学校だとおっしゃってるでしょう。日本一の学校だったら、それにふさわしい良き先生方でなければいけないのは当然のことだと思いますが」と。すると小原先生は、「うんそうだよ。君の言うとおりだよ」と。そこで私はさらに「それではねー先生。児童生徒を押しのけて、自分さえよければ子どものことはどうでもよいというような行動をとる教員が、日本一の成城学園の教師と言えますか？」と語気荒々しく小原先生に食いついたのでした。そうしたら先生、「そうだったのか、よくわかったよ。なるべくおとなしくしていろよ！」とたしなめてくださいました。

小原先生は、私が順番を守らなかった先生に対してとった行動を理解してくださいましたが、私から乱暴を受けた先生は穏便に済ませるわけにいかず、とうとう職員会議の議題に上がることになったそうです。

前にも書きましたが、当時、澤柳政太郎先生は目白にお住まいでした。毎週一回、職員会議の日に出席されるのでした。そのとき、私は烏山駅までお迎えに行っていたのです。その澤柳先生が出席された職員会議で、私がスクールバスの運転手として、順番を守らなかった先生に対してとった行動が問題になりました。小原先生は私のことを「ガタ君は実はこうなのだ」とかばってお話しくださったらしいです。それをじっとお聞きになっていた澤柳先生は「ガタ君にみならえ！」と威厳のある口調でただ一言。みんな返す言葉もなく、しんとなったらしいです。小原先生がかばってくださったのと、澤柳先生の一言によって、私の首は繫がりました。

5　小原先生のランシング先生への情
――鹿児島時代にお世話になった宣教師を招かれた先生

小原先生は、恩師に対して常に尊敬の心を忘れない方でしたが、鹿児島縣師範学校時代に教会でお世話になったランシング先生（写真①）に対してのお心遣いは、ことのほかのようでした。早くに両親を失われた小原先生は、わが子のように可愛がってくださったことを忘れず、歳を召されたランシング先生に対するご恩返しと、成城の学生の教育をお願いするため、鹿児島から成城入りをお願いされたのでした。ランシング先生が喜んで、成城入りを賛成してくださったため、小原先生は、まるで自分の親の家を建てるように、ご自分の庭に続いた土地に洋館をこしらえられたのでした。

小原先生は、ご自分がどんなに忙しいときでも、ランシング先生がお出掛けになる日は車を使用されず、私に「今日ランシング先生が、芝の明治学院のお友達に逢いに行かれる。きみ、ランシング先生のお伴をしてくれないか」と命じられ、「よく気を付けて行ってくれよ！」と注意されたものです。

このランシング先生、日本に長く住まわれたにしては、日本語があまりお得意ではなく、私は

写真①　ランシング先生のバイブルクラス（2列目中央がランシング先生、2列目左端が小原先生）

小原先生が鹿児島時代にお世話になったランシング先生

よく聞き取れないものでした。ある日のことです。ランシング先生をお乗せして、明治学院に向かう途中、笹塚でパンクしたのです。パンク修理に30分以上かかったでしょう。その間、ランシング先生は、八百屋で買われたであろうリンゴをかじりながら、「ガタ山さん、直りましたか？」と、タドタドしい日本語でおっしゃるので、私はビックリしました。人通りの多い道で、臆面もなく立ち食いされるのには実に驚きました。鹿児島では、歩きながら物を食べるなと、小さいころからキツク言い聞かされていたものですから。

夕方、学園に帰り着き、小原先生と奥様に話しましたが、「そうだったか！」とお笑いになりながら、「無事でよかった。ランシング先生も喜ばれたろう！」と、恩師の喜びを自分の喜びとなさる先生でした。

朝夕の挨拶にしても、慈母に対するような温か味あふれたお言葉でなさっていました。恩師に対する心の深さを、しみじみと感じた私でした。

6「自分の力で学校を始めたい！」
――小原先生の新しい学校建設への夢

１９２７（昭和2）年、新宿と小田原を結ぶ小田原急行電鉄（小田急線）が開通しました。それまで私は、１９２５（大正14）に新宿の牛込原町から当時の北多摩郡砧村に移転してきた成城学園において、小原國芳先生の運転手と同時に、京王線烏山駅と成城学園を結ぶスクールバスの運転手をしていました。しかし小田急線の開通によってスクールバスが廃止になりましたので、私の仕事の多くの部分がなくなったため、私は成城学園を退職して、一応、郷里の鹿児島に帰りました。しかし、鹿児島に帰ってはみたものの、永住する地にあらずと感じ、意を決して再び上京し、当時、甲州街道沿線の松原町、現在の明治大学近くにあるガソリンスタンド、荒井商店で働いていました。

１９２8年2月ごろのことだったと思います。ある日突然、小原先生から、「相談あり、すぐ来てくれ」との電報が来ました。取るものも取りあえず、先生のお宅へ駆けつけたのです。

小原先生は、「おう、よく来てくれた。実は潟さん、今度は自分の力で、すばらしい学校を始めたいのだ。それについては、やはり自動車がなければはかどらぬ。君、また僕のところへ戻ってきて、働いてはくれないか」とのお言葉でした。「先生わかりました。一応今の主人に、先生のお話を伝え、先生のお望みに添うようにいたしたいと思いますので、一日か二日お待ちください」とおいとまし、さっそく、ガソリンスタンドの主人にそのことを話したのです。

この主人は荒井卯吉さんといって、福島県出身の一種の奇人というべきか、気骨のある方でした。「そうか、小原先生は潟さんの大恩人だし、君でなければとの御希望のようだ。君が辞めると店も困るのだが、先生の下に行って、忠実に働けよ！」と快く私の願いを聞き入れてくださったのです。約一年間気持ちよく働けたこの店から離れるのは、一沫の淋しさがありました。特に、店主の息子の次男君は、私と同年で、悪友でもあり親友でもあったのです。よく気が合いました。現在、白河市の隣村、泉崎村に居住しておられますので、今でも、文通をかかさず、4、5年に一回は訪ね、一、二泊して、昔のよき時代の話に、旧交を温めているのです。この荒井油屋は成城スクールバス時代、ガソリンを毎日といってよいほど、自転車、リヤカーで搬《はこ》んでいたので、次男君も小原先生をよく知り、いまだに先生を偉人として尊敬しているのです。

さて、主人から気持ちよくおひまをいただいたので、すぐに、成城の小原先生宅をお訪ねし「先生、これからまた先生のお世話になります。よろしくお願いします」とおじぎしたのです。「そうかよかった。頼むぞ。それでは引き合わせたい人がいる」とおっしゃると、すぐにその人が来ました。初対面です。どちらからともなく顔を見合わせ、ただ黙って頭をさげるだけでした。先生がお互いを紹介してくださいました。「この人が松本三千人先生と言って、朝鮮で小学校の校長をしておられたのだ。これが潟山君で、烏山からスクールバスを運転していてくれたんだ」と。

「さあこれからが始まりだ。まず自動車だ」と小原先生は力を込めて言われました。先生の頭の中には、大きな夢があれもこれもと、ひしめき合っていたのでしょう。「おい松本さん、潟君と二人ですぐに、赤坂の日米スター会社に行って、自動車を買うよう相談してきなさい」といきなり指示され、松本先生も私も、ただ唖然とするばかりでした。

「相羽社長に会って、成城の小原先生からのお願いに参りました、と言えばよい」と先生に言われるままに、二人で相羽社長を訪ね、松本先生が小原先生の意を話されたのです。「ハイ、わかっています。どの車にしましょうか。小原先生は、これから大事業に取り掛かられるのですから、相当な強行軍でしょう。スター号より一級上の六気筒エンジン、デュラント号の方がよいでしょうね。試運転しましょう」と私に運転させ、相羽社長は助手台に、松本先生は客席に、赤坂界隈を一巡し、社長の勧めに従い、デュラント号に決めたのです。

さあ相談はまとまったものの、松本先生はなんとなく言い出しにくいらしいのです。おそるおそる「代金の方は、どのようにお払いしたらよろしいでしょうか」と言いかけると、相羽社長は「小原先生と話は済んでいますよ。車検を受けておきますから、通知したら引き取りに来てください」との話で松本先生も安心されたのです。

帰途二人で、あまりにも簡単に取引が済んだので、気抜けしたようでした。「小原先生のことだね。潟さん。ちゃんと手を打ってあったのだね。相羽社長も、小原先生の大ファンらしいね。それにしても、お金が一文もないのに」と松本先生。当時、相羽社長は立川に日本飛行学校と、日本自動車学校を経営されていたのです。自動車、飛行機普及の先駆者ともいうべき方だったのです。

7　新しい学校建設の下見検分に
――小原先生の夢の学校建設への準備

相羽社長の好意により、自動車が手に入りました。雨の朝、風の夜、雪の日、照る日、曇る日、ホコリをかぶり、汗をふきふき、道の悪い大山街道、成城―玉川間を往復し、小原先生の獅子奮迅の苦闘が始まったのです。そのころ、小原先生は、成城学園主事として多忙な毎日でした。小原先生の成城学園での仕事が終わるのが昼過ぎ、ときには夕方近くなるものでした。私は、何時でも出発できるように、職員室の出口で待機しているのでした。「サア、潟さん行くぞ！」と駆け足で飛び乗られる。現在の玉川学園の土地探しです。

多摩川に架かる二子橋を渡り、曲りくねった淋しい田舎道の大山街道を、西へ西へと走るのです。現在は、二四六号道路が立派に道幅も広く、ほとんどまっすぐにできていますが、そのころ、成城より一時間半近く時間がかかるものでした。

町田・南大谷の現在自動車教習所のあるあたりか、本町田の養運寺の少し入ったところまでしか、道はないのでした。車を駐車し、道なき農道を歩くわけです。今の玉川学園商店街のあたりは沼地で、所々に田んぼがありました。田んぼの土堤から沼地へ、飛び降り這い上がり、靴は泥まみれ。春先の暖かいころになると、ニョロニョロと、山かがし、ときには蝮《まむし》。玉川学園草創期のころは、蝮捕りの名人だった蛇新という人が商売にしていたほどです。

松、杉、檜《ひのき》が聳《そび》え、ナラ、ブナ、カツラの雑木林や、背丈ほどもある茅《かや》やツル草の生い茂る原始林みたいな山道をかき分け、こちらの山、あちらの山、向こうの丘と、木の枝に顔をはじかれながら、ガサゴソと歩くものでした。ほとんど夕闇せまる時刻まで歩きまわりました。足元から、ばたばたとコジュケイが飛び出す。ときには兎が飛び出しビックリ驚かされました。農家すら一軒もない、ほんとに淋しいところでした。

小原先生の、四十一、二歳のころです。小原先生は、実に足が速いのです。ことに、けわしい山道とか、雑木林だの草の生い茂る山を、かき分けかき分け歩かれる速さに、後ろをついて回る私は、いやになることが度々でした。あの山に中学部、あの丘に礼拝堂、あの谷に牛舎、あの陽当りの良いところに職員住宅と、私に話されながら、実に細かく隅から隅まで歩かれるものでした。何十回もこうした下見が続きました。そして、とうとう、講談社社長野間清治先生の力添えで、この土地が入手できたのでした。

いよいよ、学園建設に取り掛かられた小原先生です。今でも忘れずにいますが、最初の校舎の縄張りは、まず中学部校舎と職員室で、学園本部と図書館の間のところ（註　令和の今日で言えば、旧学園本部と新学園本部棟の間のところ）でした。土建業の成城居住の石川新太郎さんを連れてこられ、細かいことまで注意され、縄張りが済んだのです。

その最中に私が、「先生、こんな山の中に、学校を建てて、どうするんですか。学生が集まるでしょうか」と言いますと、先生は、「何を言うんだ。学生は良い教育をすれば、喜んでついてくるものだ。今は山だが、あと30年もすると、町になるよ。そして、富士山の根っこまで、家が続く時代が来るよ」と。私は「そうですか」と返事しながら、心の中では先生の大ボラが始まったと笑っていたのです。このときの小原先生の言葉どおりの時代になったのです。このときの先生の言葉は、忘れようとしても忘れられません。先生には先見の明があられたと感服しています。

１９２９（昭和4）年4月、玉川学園開園。いよいよ成城から玉川への引っ越しです。そのころ、新宿角筈にあった豊自動車という運送屋のトラック、4、5台に分積し、住み慣れた成城を後に走り出したのです。当時、急坂の多い大山街道でした。登り坂にさしかかるたびに登れないで、苦労したものです。第一回の塾生の、猪原一君、平田正明君、安井永三君等が、力合わせて、車の後押し、一台一台押し上げては、また走る。まるで、西部劇の幌馬車が、土地を求めて、移行する姿に似ていました。

8　南多摩の地に玉川学園を開校
――夢の実現のために経営難に立ち向かった小原先生

玉川学園開校のため、北多摩郡の成城より南多摩郡の玉川へ私たちが移動を始めたのは、確か1929（昭和4）年の3月ごろだったと思います。ご子息哲郎先生は、成城小学校の2年生だったと思います。級友とのなじみもそろそろ深まりつつあったことでしょう。級友と別れ、山深い玉川の丘に移り住まなければならなかった少年哲郎先生のお気持ちは、キット淋しさで一杯だったと思います。

でも、小原先生ご夫妻には、成城学園草創期以上にまた苦しい戦いが始まっていたのです。講談社社長の野間清治先生の大きなご協力により、当時の南多摩郡町田に広がる丘陵地帯に約40万坪の土地が手に入りました。小原先生には、購入した土地の中心部に小田急に駅を認めてもらって電車を停めてもらい、約半分を学園の土地（写真①）として残し、駅から反対側の土地を住宅地として分譲し、学園と町とが一体となった学園町を作る構想がありました。他方経営的には、住宅地の分譲で手に入れたお金で、玉川学園の建物を作っていく予定でした。

小原先生の予定通り、購入した土地の中心に、小田急に頼んで「玉川学園前」駅（写真②）を造り、電車を停めてもらうことに成功しました。成城学園前駅を作った際、小原先生は小田急の利光社長に協力していましたので、お礼の意味もあったのかもしれません。

小原先生は、成城時代の「イデア書院」からの流れで、「玉川学園出版部」を作って出版事業も始められましたし、玉川学園内の校舎も小規模ながら形だけは整い、職員住宅、生徒たちが住む塾舎も、あの丘この丘に点々と建てられていきました。しかし、土地の分譲の収益は、さらに玉川が大きく発展していくためには、重要なものでした。玉川学園は開校したばかりです。世間の人々には、海のものとも山のものともわからず、危惧の念を持つ人が多かったので、土地の分譲販売はなかなか大変でした。

小原先生はもちろんのこと、義弟の沖本伊三次先生等も、当時の満州まで満鉄社員の方々にお願い

写真①　創立当時の玉川学園　（1929年4月）

写真②　初期の「玉川学園前」駅（1929年4月）

に何回となく渡満されたものです。次々の経営難に追われていたそのころの状況は、小原先生から直々に話を聞いたこともありますが、そのような苦しい体験は、砧の成城学園草創期に経験済みの先生でしたので、苦境に立てば立つほど力強さを発揮されました。教育のためなら、私はなく、昼夜かまわず、内も外もなく、全く家庭をも顧みる暇のない先生でした。

9 「玉川学園」という名称について
——何故に「小原学園」でなかったのか？

世界の国々には、それぞれの国を象徴する国旗があり、国歌があります。わが玉川学園にも、もちろん校旗があり、校歌があります。でも、私には、成城の教育に満足できず、小原先生が南多摩郡町田町に新しく創られた学校名が、どうして「玉川学園」になったのか、おおもとのところを知らずにいました。

そこであるとき、車の運転中のことだったと思いますが、小原先生にお尋ねしてみました。「先生、玉川学園という名称を付けられたのはどうしてですか。先生がご自分の力で始められた学園ですから、小原学園としておけば、永久に先生の名が伝わったんじゃないですか」と。小原先生は「そうね。何となく玉川学園となったのだ。あまり名前にこだわって付けたのではなく、まあ自然そうなったんだね」と返事されました。

またしばらく経ったある日、先生と一緒に都内へ出かける車内で、またまた私の気にしていた学園の名称のことをお聞きしたのですが、やはり前に述べたようなはっきりしないお返事でした。その間、私は私なりに玉川の意味を考えていました。そこで、私はまた別の日に「先生、私は玉川学園という名前は、非常にいいと思います。玉は、丸く、堅く、一致団結を表し、川は、清濁あわせ呑み、滔々《とうとう》と流れ、やがて洋々とした大海とまじわります。先生の気概と玉川学園の方針を表しているような気がします。玉がコロコロ転がるように、学園経営もキットうまくいくような気がします」と私の考えを話しましたところ、「なかなか面白いこと考えたね。そのとおりかも」と、なかなかご機嫌がよかった先生でした。

小原先生がお亡くなりになってからも、私はこのことについてときどき思い出して、私なりに先生のお考えを次のように思っているのです。福沢諭吉先生が福沢学園とせずに慶応義塾とし、大隈重信侯が大隈大学とせずに、早稲田の地名をとって表された如く、先輩の学者、偉人においても、己の名前を表面に打ち出されなかったのにならって、小原先生なりに謙虚なお気持ちで小原学園とはせず、玉川学園と名付けられたのではないかと思っています。

また創立以来から何十回となく二子玉川の橋を渡り、多摩丘陵の一角に学園を建てるべく土地探しに夢中であられたころ、すでにこの玉川の名前が頭の中に浮かんでおられたのではないかと思ったりしている私です。玉川学園創立当時からおられた松本三千人先生や、初代塾生の猪原一君、川野徹君に、あるいはこの件について小原先生から真実の言葉があったかも知れませんので、もしもこの記事に異存がありましたらお聞きし、私の考えを取り消したいと思うのです。

〈石橋による補足〉

小原國芳先生が創立された新しい学校が「小原学園」ではなく「玉川学園」という名称になっ

たことについて、潟山さんが、小原先生に直接尋ねられたうえで書かれたこの文章は、大変貴重なものであると思います。小原先生の「そうね。何となく玉川学園となったのだ。あまり名前にこだわって付けたのではなく、まあ自然そうなったんだね」と応えられたこの言葉も、本当にそうだったんだろうなと思われますし、最後に潟山さんが、「小原先生なりに謙虚なお気持ちで小原学園とはせず、玉川学園と名付けられたのではないか」という言葉にも、非常に説得力があるように思います。でも何故に、「何となく玉川学園となった」のかということについて、私なりの考察とその根拠をここに付しておきたいと思います。「玉川学園」と名付けられた原因は、成城小学校と成城第二中学校が牛込原町から、当時の北多摩郡砧村（現在の世田谷区成城町）に移転したころにまで遡るように思われます。

1925（大正14）年、小原先生が、新宿牛込原町にあった「成城中学校」から分かれて、「成城小学校」・「成城第二中学校」を当時の北多摩郡砧村に移転されたとき、そこは、まだ小田急線も開通しておらず、喜多見の町も、狛江の町もなく、雑木林が続き、北多摩郡砧村の高台から南側を眺めると、多摩川の流れがキラキラと輝いて、すぐ下を流れているように見えました。そこで、小原先生に付いてきた先生方は、誰言うとはなしに、多摩川のほとりに位置する学校だというので、新しい学校を「多摩川学園」と呼んだということです。

ところが牛込原町の成城中学校側からは、成城から分かれていくのだから、「成城」という名称を使ってほしいとの要望がありました。もともと牛込原町の方は「成城学校」と呼んでいましたので、砧村の方の成城は「成城学園」と呼ぶようにしたのでした（現在、牛込原町にある、私立成城中学校・高等学校の総称が「成城学校」であり、小田急線沿いの成城幼稚園、成城学園初等学校、成城学園中学校高等学校、成城大学の総称が「成城学園」であるのはそのためです）。

話を少し戻します。成城第二中学校が当時の北多摩郡砧村へ引っ越すとき、牛込原町にあった成城小学校は、子どもたちがまだ小さいということもあり、在校生が卒業するまではそこで教育することになり、砧村には新しい成城小学校が創られることになりました。牛込原町にある成城小学校と、砧村の成城小学校を区別して呼ぶために、砧村の新しい成城小学校は、多摩川（＝玉川）のほとりにある成城小学校という意味から「成城玉川小学校」と命名されました。この「成城玉川小学校」が現在の「成城学園初等学校」の実質的な始まりなのです。

「多摩川（＝玉川）学園」が初期「成城学園」の幻の名称だったこと、砧の成城小学校に「玉川」という名前が実際に使われたこともあり、成城学園の発展として創られた新しい学校の名称は、小原先生が言われたように、「何となく玉川学園となった」「自然そうなった」ように私には思われます。

10　小田急との衝突事故
――小原先生と生死をともに

玉川学園が開校になり、一年半にもなりますと、姿形もどうにか整いました。1930（昭和5）年10月28日、横浜港を出帆した春洋丸で、小原先生は奥様を同伴して欧州各地やアメリカ等の海外教育視察にお出かけになりました。そして、翌1931年7月3日にお帰りになりました。

その折に米国居住の日本人の方から、ナッシュ号という自動車をいただいてお帰りになったので、それからはこの自動車が小原先生の乗用車となり、それまでのデュラント号は塾生の練習車になりました。

新しく小原先生の車になったナッシュ号ですが、どうもこちらの手に渡る前に悪い因縁のある車だったらしいのです。運転していて、なんとなく気味が悪く、ことに雨降りの夜になると、ウインドの前に何かがチラつくようなときがあるのでした。小原ファンの一人に六反正夫氏がいて、私をよく手伝ってくれました。この六反君も、「潟さん、この車はいやな気がする。大きな事故でも起こさなければよいが」と非常に心配そうでした。

当時、浅草観音様をいささか信仰していた私でしたので、さっそく、浅草の観音様にお参りに行きました。お守り札をいただき、ハンドルの左脇にビスでしっかり固定しました。これで少しは安心しましたが、残念ながら、私と六反君の予感が当たってしまいました。忘れもしない、1932年3月9日の金曜日、小田急線成城学園の踏切で大惨事が起きてしまいました。

踏切番のおじいさんが「通っていいよ」と旗を揚げたので、踏切を渡ろうと車を前進させると、そこに試運転の電車がもの凄いスピードでやってきて、車は電車と接触。車は滅茶滅茶に大破しました。ハンドルだけは取り残されたように、しっかりとそのままの状態でした。ハンドル脇のダッシュ板も全く無事。お守り札をキチッと締め付けてあったビスも何ら異常はなかったのですが、お守り札がないのです。そこらあたりに落ちているのではないかと夢中で探したのですが、とうとう見つからず断念しました。今でも私はそのとき、観音様が身代わりになってくださったのだと深く信じて、少しも迷わずにいるのです。

この衝突時の大騒ぎの場面を小原先生がお書きになり、後に玉川学園の月刊誌『全人教育』に「遭難の記」と題して記載されたのがありますので、その一部をここにお借りすることにします。事故当時、玉川学園は創立されていましたが、小原先生は澤柳先生亡き後、成城学園の校長も兼ねられていました。

小西重直先生にワザワザ東京に来て頂いて連日の卒業式でした。成城高校を6日に済まし、7日に玉川で午前中に中学を、夜、玉川の塾の高等部をすまし、9日に成城女学校の式をすましたのです。

ちょうど一段落しましたので、小西先生を歌舞伎にご案内すべく、成城の高等科部長の銅直勇さんと、幼稚園部長の小林宗作君と、私の四人が一緒に出掛けたのです。車の中では、小林君の健康論に花が咲いていました。

問題の踏切まで来ますと、ちょうど遮断機が降りているのです。無論、私たちの車はやむなく止まったのです。しばらくして下り電車がパスすると、遮断機が上がったうえに、踏切番のおジイさんが白旗で「来い、来い」とさし招くのです。安心してスタートしますと、右側に鋼鉄の試運転車が下り坂をフルスピードでやってくるではありませんか！（それも通告の時間より2、3分早かったうえに、踏切番のオジイさんまでには、通知が徹底していなかったそうです）

助手席に座っていた小林君は、内側向いて盛んに話していましたから、すべて大夢中だったそうですが、右側の後ろにいた私には、右手に見えるんでしょう！　全くヒヤッとしました。

「しまった！　まだ死ぬんじゃないがなッ。くやしい！」人生の全フィルムが、一瞬間にパッと恐ろしい速度で展開したような気がして、その瞬間の複雑な感じったら、トテモ筆舌に尽くせませせぬ。「くやしいッ」と痛感したその次の瞬間、車は左へグーッと急カーブしたのです。吾等の勇敢な潟山君が、過去8年間、私の体をそれは大事に守ってくれたガタ君がです。果断と機敏と確実さを持って、左の岸の方へぐーっとやってくれたのです。

「さすがに、潟だっ！」と感謝と安心と驚嘆と一緒になったような、トテも人生で二度と味わえないような気がこみあげてきました。二間か三間ぐらいの間は、自動車と電車と並行して行くのでしょう！　大きな電車の車体の下を。大きな車輪が恐ろしい勢いで回るのが私のすぐ右手に見えるのです。その間の時間の長く感じたこと。いやな恐ろしい気持ちのしましたこと。「次の瞬間、どうなるだろう！」と。とても、死線を走っている気持ち。カミソリの刃の上でも渡っているような気持でした。

そして、ガチャーンと自動車の前半部がブツかるや、後は全く夢でした。……

小原先生のお言葉の通りでした。あと、30センチも線路に出ていたら、おそらく、全員即死だったでしょう。当時あの踏切は、線路にまで前車輪を乗せなければ、右、左、見えない切り通しの非常に危険な場所でした。あの大事故後、両側の土堤を削り取り、幾分かよくなったのでした。ハッと思った瞬間、急にハンドルを切ったのでした。でも、遅かった。乗用車ナッシュ号は助手台側にブッツけられていたのです。そのまま5、6メートル電車と並行し、引きずられ、側溝に置きざりになり、電車はそのまま４００メートルも祖師谷大蔵駅近くまでつっ走り、やっと停車したのでした。

私は、大破した運転台の下に頭を突っ込み、なかなか出られませんでした。やっとのことで出たその瞬間、「しまった、先生方を乗せていたのだった」と初めて気づいたのです。

小西先生〔註1〕と小原先生と銅直先生の姿を見て、ああみんな助かったなあと。でも小林先生〔註2〕の姿が見えないのです。そのはずです。ブッツかった瞬間に、車より10メートル近くも前方の側溝にブッ飛ばされ、瀕死の状態だったのです。死寸前の重体であった小林先生も、お医者さんの懸命な処置により、また、学生、父兄のお祈りにより、一日一日快方に向かわれ、2カ月ぐらいして退院されました。みんな助かりました。ホッとしました。はじめて自分自身の気持ちを取り戻した私でした。

〈註1〉小西重直先生は小原先生の京都帝国大学時代の恩師。当時は京都帝国大学教授兼成城学園総長。
〈註2〉小林宗作先生は、小原先生が成城学園を去られた後、自らも成城学園を辞して、自由が丘に「トモエ学園」を創立されました。黒柳徹子さんの『窓際のトットちゃん』の中に登場した、トットちゃんの先生です。

11 波多野精一先生と小原先生

——玉川大学誕生に際し京都帝大時代の恩師を招聘

小原先生はときたま、車の中で、哲学がどんなものか、全然知るべくもない私に、「潟さんよ、おれの京都大学での哲学の先生に、朝永三十郎という立派な恩師がいらしたのだ。朝永先生の教えで、俺も哲学というものが、いかに人間に大事な学問であるかわかったのだよ」と言われるのでした。また、同じく京都大学時代の、宗教哲学の恩師であられた、波多野精一先生（写真①）に対しての小原先生の心は、三尺下がって師の影を踏まずのごとく、尊敬の念一入《ひとしお》深いように思われました。

玉川学園が創立してから18年が過ぎ、小原先生は玉川大学を創立されることになりました。先の大戦が終わって2年目の１９４７（昭和22）年のことでした。まだ日本にもそんなに大学がないときでした。玉川大学は、「大学令」によって創立された旧制の大学の最後と聞きました。小原先生は、玉川大学の中心になる先生として、戦時中岩手県の千厩《せんまや》というところに疎開されていた、恩師波多野精一先生にぜひ来てほしいと手紙を書かれたのでした。

１９４７年６月５日、波多野精一先生は、弟子の呼びかけに応じて、玉川の丘に登ってこら

写真①　波多野精一博士

写真②　玉川の丘に建つ波多野博士の像

れました。終戦後の食糧事情の一番窮屈なときでしたので、小原先生は食糧の心配までされて、米だの野菜だのをよくお届けになりました。１９４９年には、新しくできた「学校教育法」に従って、玉川大学も新制の大学として再出発しました。波多野先生はお体の調子が良くなかったので、大分拒まれたようですが、弟子である小原先生のたっての希望を引き受け、玉川大学の学長にもなられました。

　学長を引き受けられたものの、お体の完全な快復はできず、在任中にとうとう寝込まれてしまいました。小原先生のご心配は言うまでもありませんでした。医者よ、薬よと、東福寺先生にお願いされ、ほぼ毎日のように診察していただいたり、ご自分も忙しいにもかかわらず、たびたび、恩師の病床を訪ねられたのでした。
　薬の効なく、1950年1月17日ついにご昇天されてしまいました。先生のお宅は、学園の正面の池近くにありました。小原先生の悲しみは、見るに忍びないほどでした。そして、1カ月後の2月17日に、学園礼拝堂で、波多野先生の霊をお慰めする追悼式が全学園で催されたのでした。小原先生は、亡き恩師のことを、何年経とうが、いや、おそらくご自分の死の寸前まで、お忘れにならなかったと思うのです。
　波多野先生がお亡くなりになってから、十数年後でしたが、小原先生は、文学部教育学科校舎の前庭に、波多野先生の銅像を建立されました（写真②）。ときおり学内を回られる小原先生は、恩師の銅像の前に立たれ、立ち去ろうともせず、じっと見つめておられるのでした。キット先生は、心から尊敬されていた恩師波多野精一先生の像と、京都大学時代の話でもされていたように思われます。

〈石橋による補足〉

　1947（昭和22）年、玉川大学は「大学令」による、最後の「旧制大学」として認可されました。「帝国大学令」や「大学令」によって、それまでに、日本に大学が何校ぐらい認可されていたのかを参考までに記しておくことにします（●は国立大学、○は私立大学）。

1877（明治10）年　●東京大学（京都帝国大学創立と同時に、東京帝国大学と呼ばれるようになり

ました）

1886（明治19）年3月、「帝国大学令」公布。同年4月1日施行

1897（明治30）年　●京都大学（京都帝国大学）＊1896（明治29）年としているものもあります。

1907（明治40）年　●東北大学（東北帝国大学）

1911（明治44）年　●九州大学（九州帝国大学）

1918（大正7）年　●北海道大学（北海道帝国大学）（通算合計5大学）

1919（大正8）年4月1日、「大学令」施行。

「大学令」は、原内閣の高等教育拡張政策に基づき、法制度上における「帝国大学令」とは別種の大学を設置した日本の勅令でした。

1919（大正8）年　●大阪大学（大阪帝国大学）

1920（大正9）年　●名古屋大学（名古屋帝国大学）、●一橋大学（東京商科大学）

この年、私学にも「大学令」が適応されました。

（2月）○慶應義塾大学、○早稲田大学、（4月）○明治大学、○法政大学、○國學院大学、○中央大学、○日本大学、○同志社大学（通算合計16大学）＊この後、1946（昭和21）年までに、国公私立併せて42大学が大学として認可され、通算合計58大学となりました。

1947（昭和22）年（2月24日）○玉川大学　＊玉川大学は、日本で59番目に認可された大学（最後の旧制大学）になりました。

12 同窓会からの贈り物、シボレー号
――小原先生の講演のお伴として活躍

１９５６（昭和31）年、シボレーの中古車が手に入りました。小原國芳先生の古稀のお祝いに、同窓生より募金したお金で寄贈していただいたのです。このシボレー号も、成城時代のフォード号と同じく、わが玉川学園の功労車と言うべきでしょう。

ある日、小原先生は、近江兄弟商会の講演のために、軽井沢の別荘まで行かれることになりました。前日のうちにその別荘に着いて一泊され、翌日お昼ごろから話をされる予定でしたが、途中でエンジン故障を起こし、修理しても、調子が悪く、高崎市に着いたのが夜でした。「今夜は高崎泊りにしよう」と小原先生のお言葉。旅館に入りましたが、翌朝は安中、松井田、そして碓氷峠を登らなくてはなりませんので、もう一度、町の修理工場で車の点検修理。ホッとした気持で一泊。早朝、安心した気持ちで発車。

峠にかかる急勾配の坂道。またまた調子悪く、だましだまし五合目くらいまで来ましたが、エンジンついにストップ。やはりキャブレターの故障かと、キャブレターを取り外す。初めて、故障部分がわかる。ニードルバルブの動きが悪いのでした。自分なりに修理して、取り付ける。先

生は「直ったか、登れそうか」と時間を気にしておられる。「直りました。もう大丈夫です」とエンジンを始動。調子上々。勢いよく走り、軽井沢に着いたときはお昼。ホッとしましたが、先方でもずいぶん心配しておられました。無事に講演会が済みましたが、あのときの苦労は、忘れることができません。

また、茨城県の牛久町の小学校へ講演に行かれたときのことも、印象に残っています。そのときは奥様もご一緒でした。講演の後、料理屋でご馳走になり、宇都宮に向かって発車。結城市あたりから夕闇せまるころ、ライトをつける。小山市を過ぎたころからライトの光がだんだんと薄暗くなる。バッテリーがいかれたかなあと、エンジンを無理にふかす。あまり効果なし。ダイナモだと気づく。どうしても定宿であった栃木荘に着かねばなりません。弱いライトの光でやっと着いたのが、真夜中近くなってでした。翌朝、工場でダイナモを修理させ、無事学園に帰り着くことができました。成城時代のフォード号と同じ程度の車でした。

このシボレー号も、ますます老骨となり、遠出には使用中止になりました。その後しばらく、当時、通信教育発送部の風間君が手入れしながら、町田局へのテキスト運搬に使っていました。よく働いてくれた殊勲甲の車でした。

13 「何をするにも汐時ということがある」
——玉川苦境のときの小原先生の決断

創立以来、玉川学園はたびたび苦境に立たされてきたのですが、最も大きな、忘れようにも忘れることのできないのは1953（昭和28）年のことです。多くの債権者が、つぎつぎに、来る日も来る日も、お金の催促。学園の金庫にはビタ一文もないのに。何もかも根こそぎ捥《も》ぎ取られてしまいました。

玉川学園出版部の目玉、収入源である『玉川百科大辞典』、『児童百科大辞典』、『こども百科大辞典』の三大百科の出版権と在庫品を、神田の誠文堂新光社へ売り渡さなければならない羽目になったのでした。その時分、書庫の責任者として、三大百科はもちろんのこと、すべての単行本の在庫管理を任されていた私は、当時の書庫の姿が今でも忘れられないのです。

さて、玉川学園の幹部から、誠文堂新光社に三大百科を引き渡すとの正式な達しが来ました。さあ大変です。事務的なことに知識のない私です。帳簿の記入をきちんと習った経験はなし。在庫数と帳簿が果たして一致しているかが心配でした。先方に疑惑を持たせては大変です。なれないソロバンをはじきながら、約一週間ほど、向こう鉢巻で、毎晩遅くまで在庫数と帳簿の引き合わせをやりました。

いよいよ誠文堂新光社からトラック四、五台連ねて引き取りに来ました。大辞典30巻、児童百科21巻、こども百科23巻と各種単行本全部を一つ一つ帳簿と引き合わせながらトラックに積み込みました。渡し終わるまで、本当に心を痛めました。たった一冊の間違いで済みました。それも、日本歴史と世界歴史が一方は一冊少なく、一方が一冊多かったのです。結局、総数においては一致しましたので、誠文堂新光社さんに気持ちよく引き取っていただいたわけです。山積みされていた三大百科が一冊もなくなり、書庫は空っぽになりました。無事引き渡しが済み、ホッとした反面、淋しいやら、腹立たしいやら、私の怒りは爆発しそうでした。

1953年11月のある夜、私はなんとなく小原先生の家を訪ねたくなりました。シンとしていて、いやに静かなのです。「今晩は、今晩は！」と二声三声かけましたが返事のないまま、勝手口から上がり、誰の姿も見えないので、いつもの通り、小原先生の居間を覗いたところ、先生ただお一人、何か調べもののご様子でした。「今晩は！」と先生の前に手をつく。「おお潟さんか。さあ、ここへ坐れよ」と言われた先生のお顔には、何か深い淋しさを感じました。

「潟さん、君はどう思うか」と先生のお言葉です。私の顔をじっと見つめられ、「三大百科辞典を誠文堂新光社に売り渡したことについて、君の意見はどうだ」と問われたのです。涙の出るほどくやしく思っていた私でしたので、率直に先生に申し上げたのです。「先生、玉川創立以来何十年もの間、苦心された先生の血の通った三大百科です。それを極端な言い方かもしれませんが、人に取られたということは、身を切られる思いがします。残念でたまりません」と。

　すると先生は大声で、「ガタ、お前までが、そんな女々しい気持ちでどうする。何をするにも汐時ということがある。大東亜戦争前、日支事変の最中に、南京が落ちたころ、米英が仲裁に入った。そのとき、日本政府が米英の仲裁を受諾していたならば、日本は敗戦の憂き目を見ずに済んだのだ。学園のこの度の処置も、よき汐時だよ」とたしなめられたのです。「先生がそういうお気持なら、今さら私は何も申し上げません。」とその夜は引き下がったものの、帰りの夜道、心浮かぬ心境だったことを、今もハッキリ覚えています。きっと先生も、心の中では私以上にくやしがっておられたのではないかと思っています。

14 小原先生と奥様
――たまの旅行も原稿書きのお伴

　小原先生は、成城時代、まだ奥様がお若いころには、「オーイ信子」とか、あるいは「信ちゃん」と呼ばれていました。温かさに溢れたお声を、しばしば耳にしたものです。「オバアチャン、オバアチャン」と呼ばれるようになったのは、いつごろからのことか。たぶんそれは、哲郎先生の御子息、芳明さんが誕生されてからではないかと思われます。「信子」、「オバアチャン」とお呼びになる先生のお声を聞くとき、奥様を心から信じ愛され、恋慕にも似た、甘い慈愛に満ちたほんものの夫婦の姿を見るような感じがして、うらやましく思った私です。

　お若いころの先生は、あまりにも忙しすぎて、奥様とゆっくり語り合い、その辺を身を寄せ合って楽しい散歩をされるなどということもなかったお二人でした。せいぜい親しい方の結婚式に出席されるときぐらいがご一緒でした。

　後年、哲郎先生が、玉川学園の全責任を背負って立ち上がられ、学園の前途に明るさを取り戻されてからは、ご夫妻でチョクチョクお出かけになられたのですが、それもありきたりの観光旅行とか、のんびりと温泉にでもひたるというような先生と奥様ではなかったのです。ほとんどが小原先生の原稿書きのお伴でした。

「おーい、おばあさん、仕度は終えたか？」と奥様をせきたてられる先生。奥様は原稿書きに必要な資料、原稿用紙、眼鏡等々を鞄にギッシリ詰め込まれたうえ、ご自分のお仕度。留守中のことを百合子先生やお手伝いさんに、あれこれと細かいご注意。先生は、はや私の車に乗って「ガタさん、オバアさんはまだか！」と催促される。

お二人をお乗せして、一路箱根、塔ノ沢の「新玉旅館」へ。昔のままの古びた木造三階建ての旅館。いつもの一階の部屋。着かれるとさっそく、食事のこと。「潟さん、お前何が食べたい？」、「オバアさん、鞄をここへ。みんな揃っているだろうね」と鞄を開けられる。「何だ資料が足りないぞ。忘れたのか！」とおこごと。気の休むことのない奥様でした。じっと我慢のお姿。「おばあさん、先にお風呂に入りなさい。それから食事にしよう」と言われ、先生は大きな虫眼鏡で、校正刷りや何やら、夢中で見ておられるものでした。

「食事の用意ができました。お持ちしてよろしいですか」と女中さんが、恐る恐る聞きに来る。お湯から上がられた奥様が「よろしいですよ」と言われる。料理が運ばれる。先生はまだ仕事に夢中です。「小原先生、お食事ですよ」と奥様が呼ばれる（奥様は、よく「小原先生」と呼ばれたものです）。小原先生は、初めて「ああそうか」と虫眼鏡を置かれる。「潟さんに一本つけよう」と、いつも言ってくださいました。「ハイ潟さん、一杯」と、奥様のお酌で先生と二人でちびちび。先生は、水炊きがお好きでした。その水炊きに必ず餅を入れられる。旅館でも心得たもので、先生のために必ず用意してあったものです。私も大好きでしたので、おいしく、たらふく御馳走になったものです。

「あなた、こぼしましたよ」と子どもの面倒をみるように、布巾でおふきになる奥様でした。こんなとき、「おばあさん、俺より早く死んでくれるな。1日でもよいから、俺より後から頼むぞ」と言われる小原先生。「あなたみたいな気難しい人を、誰がみてくれますか、ネー、潟さん」とニコニコ顔でおっしゃる奥様でした。

こうして箱根へ先生をお連れしたあと、3、4日してまたお迎えに行くものでした。「先生はまだ原稿が終わらないのよ。ちょっと待ってよ、潟さん」と、1、2時間待たされるのでした。「さあ済んだ、帰ろう」と立ち上がられる先生。そら洋服だ、ズボンだ、ネクタイはどうした、という調子。奥様はてんてこ舞い。机の上はもちろんのこと、座敷中に散らばっているものを鞄に。私もお手伝いして詰め込むのでした。旅館を出て玉川の自宅へ。「オバアさん、眠くなったよ」と、奥様のひざ枕で眠られる先生でした。

学園にご在宅のときの先生ご夫妻は、お天気の良い日には庭に降りられ、肩を寄せ合い、卒業生の贈ってくれた銘木や、挿木で増やしたツツジを眺めたり、小鳥の囀《さえず》りや、石を伝わる水の流れに耳を傾けられるのでした。遠くから垣間見て、ほんとに微笑ましい情景でした。

ときたま雷を落とされる先生。奥様はじっと我慢されるのです。雷が止み、しばらく間をおいて奥様は、「さっきのこと、私はこう思いますが」と毅然とした態度で、お話されるのです。おこりっぽの先生も、言うだけ言った後はさっぱりした気性で、「ああそうか」と。これで終わりになるのでした。

15　弟子への情厚き小原先生
――斎田喬先生への場合

小原先生は若き日、広島高等師範学校（現、広島大学）を卒業した後、香川縣師範学校（現、香川大学教育学部）で教壇に立たれていました。当時の小原先生の教え子の一人だった斎田喬先生を、1920（大正9）年、成城小学校の美術の教師として香川県の丸亀の小学校から招かれました。

斎田先生は美術だけではなく、芝居にも深い趣味をお持ちで、小原先生が広島時代に提唱された「学校劇」を成城学園で盛んにし、一躍有名になられました。いつもにこにこと温和で、女性を思わせるような静かな先生でした。小原先生は、「斎田君、斎田君！」と言って、とても可愛がっておられました。

斎田先生は、あまりお身体が丈夫でなく、1922年秋と聞きますが、一時肺結核になられ、小原先生の計らいで、千葉県の勝浦に転地療養されたということでした。その後、成城を足場に、児童劇の御大として全国的活躍をされました。

聞くところによれば、1934（昭和9）年から1947年まで、児童劇団テアトロ・ピッコロで劇をつくっては、演出されていたのでした。1948年児童劇作家協会を創立して、会長も務められています。そして、1955年には、『斎田喬児童劇選集』で芸能選奨文部大臣賞を受けられたのでした。ところが、その後脊髄の病に冒され、1975年ごろからは、入退院を繰り返しておられました。

小原先生ご自身も、そのころ、4、5回慈恵医大に入退院を繰り返しておられ、周りの者はひどく心配していたのですが、斎田先生をお見舞いしなければならないと言われ、私に車の用意を命じられたのです。それは12月の寒い日でした。斎田先生はずっと寝たきりで、筆も執ることができない状態でしたが、香川縣師範学校以来の小原先生との長い思い出を、娘さんに口述筆記させては小原先生に原稿を送っておられたのです。小原先生はその原稿を楽しみにされ、ただちに玉川学園の月刊誌『全人教育』に連載しておられました。

お互いに、自分の病気を顧みず、弟子を思い、師を思うお二人の姿に、感激した私でした。斎田先生の枕辺に立たれた先生は、「決して死ぬでないぞ！　おれも頑張るからな」と固く手を握られるのでした。しかし残念にも、翌1976年5月1日に、斎田先生は他界されました。

葬儀はご自宅近くの千歳船橋の実相寺で行われました。都内のホテルで原稿を書いておられた小原先生は、玉川から私に車を出させて、お焼香に行かれました。もう60、70歳くらいの年齢になった成城ボーイの連中が、大勢参じていましたが、お病気だと聞いていた小原先生がお見えになったのには、びっくりした様子でした。お焼香を済ませてお帰りになる先生は、みんなの手を握り、一人ひとりに声をかけ、挨拶を交わしておられました。

小原先生ご自身が他界されたのは、それから約1年半後の1977年12月13日のことでした。

第二部
玉川学園生徒・学生時代に見た小原國芳先生
（1960年〜）

石橋哲成

國芳先生（79歳）（1966）

國芳先生（74歳）（1962）

16 「玉川に来るか？　待っとるよ！」
――小学生の心までも動かした小原先生の言葉の威力

私が小原國芳先生に初めて出会ったのは、1956（昭和31）年8月、福岡県山門郡三橋町（現、柳川市）立二ツ河《ふたつか》小学校3年のときのことでした。どういうことがきっかけで、福岡県の小学生であった私が、東京、玉川学園長の小原國芳先生を知ることになったのかというと、実は父を介してのことでした。

私の父は1922（大正11）年の生まれで、先の太平洋戦争が勃発した1941年、19歳でした。その2年後の1943年、日本政府は兵力不足を補うため、高等教育機関に在籍する20歳以上の学生を在籍途中で徴兵し、出征させました。世に言う「学徒出陣」です。私の父も、1943年にはまだ高等教育機関に在籍中でしたので、繰り上げ卒業となり、戦地へ赴きました。1945年8月、戦争が終わり、父は中国大陸から命からがら日本へ帰還し、教職に就きました。そして縁あって母と結婚しました。

教職に就いたといっても、先に触れたように、父は学徒出陣によって大学は繰り上げ卒業であり、教員免許があるといっても、戦争中の空白もあって、教職を続けるにはもっと勉強しなければという気持ちが強くあったようです。

そんなとき、1950年3月、小原先生は玉川大学教育学科に通信教育課程を設置されました。それは、「小学校免許状」を取得できる日本初の通信教育部としての出発でした。小原先生は同時に、全国を講演行脚されました。「戦争で負けた日本、これから何をもって復興していくか？それは教育以外にないだろう。先生方、まずは自分自身を高めよう！　ともに勉強しよう！」と。

十分に勉強できないまま戦地に赴き、戦後帰還して教職に就いていた多くの先生方が、小原先生の呼びかけに応えるように玉川大学の門を叩きました。後に兵庫教育大学の学長になられた上寺久雄先生もそうでしたが、私の父もまたそうでした。父はすでに結婚をし、私も誕生していましたが、母の応援もあり、玉川大学通信教育部に入学しました。出征前の在学中の単位が認められ、3年次からの編入も可能でしたが、せっかくの機会だからと1年次入学で大学の勉強を始め、4回の夏のスクーリングにも出席、1956年3月に卒業しました。

当時、通信教育部においては、卒業生のために、毎年夏期スクーリングの間に研修会が実施されていました。同年の8月、父は大学は卒業はしたものの、さらなる研鑽を積むべく、夏の研修会に出席しました。その際父は、「いつも夏は留守番してもらっていたので、この夏は、お前も連れて行ってやろう！」と言って、私を東京の玉川大学に連れてきてくれました。父が卒業生のための研修（座学）を受けている間、私は宿で夏休みの宿題をしたり、知り合いになった近くに住む小学生たちと遊んでいました。

卒業生のための研修会は座学だけではなく、演習として、教育の実践に触れる機会が持たれていました。その夏は、研修（演習）の一環として玉川学園小学部の児童たちが出演して、礼拝堂で「児童劇・児童舞踊」の発表が行われました。「今日は礼拝堂で、玉川学園小学部の児童たちが劇と舞踊を発表するから、一緒に行こう！」と連れて行ってくれました。

礼拝堂に着くと、すでに大勢の人たちが来ていました。もう椅子席は満席でした。正面の入り口は人がいっぱいでした。そこで、礼拝堂の南側の入り口から入り、ときどき父に後ろから抱え上げられ、背を高くしてもらって、舞台の方に見入っていました。ある舞踊の発表が終わったところで、階上から「今の発表は良かった。もう一度やってくれない？」という声が響きました。声の主の方を見上げると、2階の前列中央に白髪の老人が座っていました。「あれが小原國芳先生だ！」と、父が教えてくれました。そのときが、私が小原國芳先生を生で見た最初でした。

発表会が終わると、父が「この礼拝堂の下が小原先生の家だから、ちょっと挨拶して帰ろう！」と言いました。「小原先生のような偉い先生が、父親が挨拶に行っても会ってくださるのかな？」と思いましたが、礼拝堂の階段を降り、現在「小原記念館」となっている小原先生宅の玄関に行きました。どなたかに父が自分のことを告げると、間もなく先ほどの白髪の小原先生が玄関まで出てきてくださり、「やあ石橋君！」と父に呼び掛けて何か話されました。しばらくして、傍に小さな小学生がいることに気づかれ、「息子かな？　名前はなんていうの？」と尋ねられましたので、ちょっと緊張しながらも私は「はい、石橋てつなりです」と答えました。すると、「おお、てつなり君か！　どういう漢字なのかな？」と再度質問されました。

親から度々、「お前の名前の漢字は、哲学の「哲」と、成田不動の「成」で「哲成」だ」と聞かされていましたので、その通りに答えました。すると、「哲学の「哲」で、哲成君か！　うちの息子も哲学の「哲」で、「哲郎」だよ！」と言われました。小原先生父子にとても親しみを感じたのを覚えています。そして「玉川を訪ねてくれたから、僕からお土産をやろう！」と言って、玉川大学出版部から当時刊行されていた「玉川子ども百科」の一冊である『世界めぐり』をくださいました。福岡へ帰る汽車の中で、ほぼ読み終わりましたが、家に着いた後も、小原先生との出会いを思い出しながら、何度も何度も読み返しました。

それから時は流れて1958年2月、小原國芳先生が父の勤務していた垂見《たるみ》小学校へ講演に来られました。講演を聴いてもわかるわけはないので、母が、一緒にお見送りに行こうと言って、小原先生の講演が終わったころに父の勤務している学校へ連れて行ってくれました。小原先生の講演を聴いた父兄たちはもう家路についており、懇親会も終わって、お見送りの先生方が数名残っておられるだけでした。いわんや、子どもの姿はありませんでした。

私が父の傍にいたこともあり、小原先生が私の姿に気づいてくださいました。自ら近寄ってきてくださり、「いつか玉川に来てくれた子だね！　もう何年生になったのかな？」と尋ねられました。私が「はい、今はまだ小学校4年ですが、4月から5年生になります」と答えました。すると、「あと2年ほどで小学校も終わりだね。中学になったら玉川に来るか？　待っとるよ！」と言って握手してくださいました。

その1年半ほど前の夏、父に玉川に連れて行ってもらい、礼拝堂で玉川学園小学部生たちの劇や舞踊を見たばかりではなく、父に案内されて玉川学園のキャンパスの中も回りました。小学部の校舎の傍には、小学部生が共同で製作したという大きな石膏の恐竜があったのが印象的でした。大自然の中の玉川学園は小学生ながらに魅力的なものでした。こんな大自然の中、小原先生のもとで勉強できたらいいな、と思って帰ってきていました。

しかし、12歳で親元を離れて、汽車（長距離の「急行」）で片道24時間もかかる東京の玉川学園中学部に行くということは非現実的なものとして捉えていました。私の両親にしても、早く小原先生の下で学ばせたいという気持ちはあっても、私自身がその気にならなければ、玉川学園に入学させることは無理なことでした。

ところが、小原先生が「中学になったら玉川に来るか？　待っとるよ！」と言って握手してくださったら、「行こうかな！」という気になったのだから不思議でした。小原先生に「待っとるよ！」と言われても、無試験で入れるわけではもちろんありません。が、それまで中学から東京の学校へ行くということは非現実的なものと考えていたのに、「受験しよう！」と思ってしまったのです。それにしても、小学生の心までも動かしてしまう小原先生の言動には、今思っても凄い威力があったように思われます。

玉川学園中学部の入学試験までちょうどあと2年というときでした。さっそく私の玉川学園中学部への入学試験準備が始まりました。父が、「小原先生の玉川学園では、勉強ができるだけではダメなんだ。お前が礼拝堂で見たように、演劇も舞踊も盛んだよ。音楽も盛んでみんな歌もよく歌うよ。小学部の児童はピアノも弾けて、みんなが少なくともピアノ教本の入門である「バイエル」は弾きあげて、中学部に進学してくるらしいよ！」と玉川学園中学部への入学試験に対する心得を話してくれました。

思い起こしてみれば、1年半ほど前に玉川学園内を父と散策した折、小学部の音楽堂の近くに確かに「ピアノの個人レッスン室」がありました。入学試験で「バイエル」を弾かせられるかもしれないからピアノの練習もしなければと私は思い、それまで怠けがちだったピアノの練習にも前向きになりました。

当時の福岡学芸大学（現、福岡教育大学）付属中学校を受験予定の友達は、俗にいう主要4科目を一生懸命勉強していたのですが、私がピアノの練習までしていることを知り、「哲成君が受験する中学校は、音楽も受験科目なの？」と驚いていたのを思い出します。2年間、自分なりに頑張ってバイエルの練習をしたのですが、受験前までに何とか100番あたりまでは進んだものの、最後までは終わることができませんでした。入学試験の際、「バイエル」の100番以降の曲を弾かされたらどうしようと心配しましたが、幸いなことに、歌の試験はありましたが、ピアノの試験はなく、ホッとしたことを覚えています。

1960年2月初旬に行われた入学試験に無事合格し、玉川学園長小原國芳先生の名で2月25日付の「入学許可書」（写真①）が届きました。小原先生のもとで学べることになり、天にも昇る嬉しさで一杯だったことを覚えています。

玉川学園中学部に入学すれば、親元を離れて寮（玉川学園では、吉田松陰先生の「松下村塾」や広瀬淡窓先生の「咸宜園塾」に倣って「玉川塾」と呼んでいました）に入るつもりでした。当時玉川学園では、男子も小学部生全員と中学部も2年生までは半ズボンでした。塾では寒い冬の間も、毎朝6時起床で、6時半から「聖山」と呼ばれる小高い丘の上で礼拝が行われるということでした。足を寒さに耐えうるようにしておくことも、玉川学園への入学の準備だと考え、「入学許可書」が届いた後は、小学校へも半ズボンで登校しました。

福岡は九州と言っても、冬は寒いのです。ある朝、寒さの厳しい日でしたが、運動場で朝会がありました。ほとんど男子の児童が長ズボンでしたので、半ズボンの私は先生方にも目立って見えたようでした。担任の藤木正勝先生は、玉川学園中学部へ入学するために頑張って準備しているなと黙って見ていてくださったのですが、それを知らない隣りのクラスの担任の先生から、「長ズボンはないの？ お母さんに言って買ってもらいなさい！」と言われました。これもまた、今となっては懐かしい思い出の一つです。

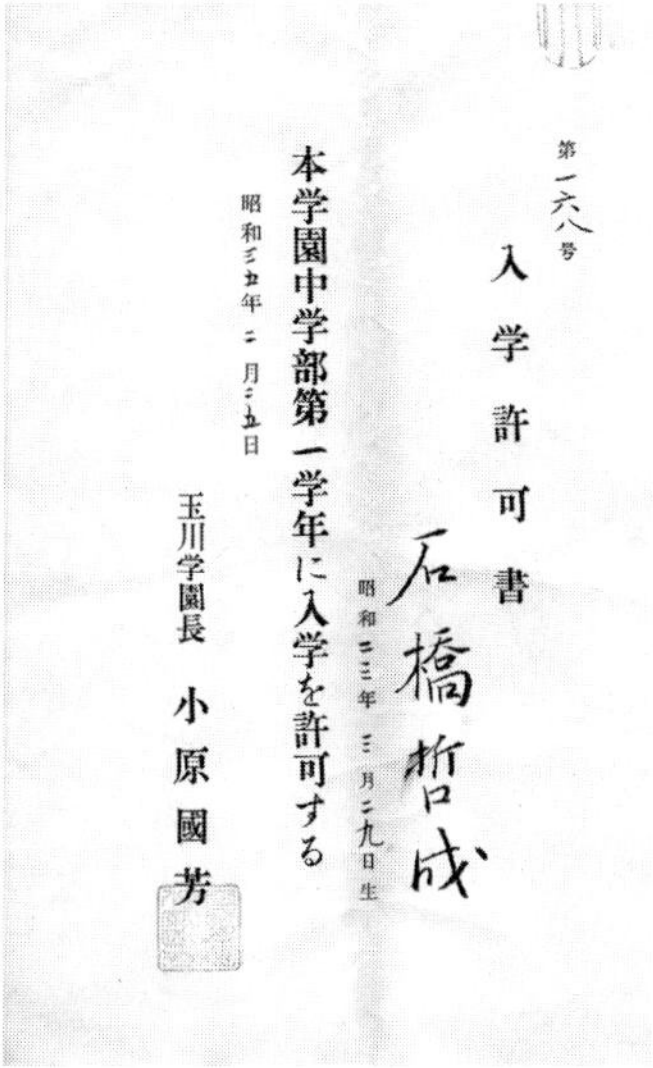
第一六八号

入学許可書

石橋哲成

昭和二三年三月二九日生

本学園中学部第一学年に入学を許可する

昭和三六年二月二五日

玉川学園長 小原國芳

写真① 玉川学園中学部から届いた「入学許可書」

17 「神と人から愛される人に！」
――小原先生の中学部入学式での祝辞

玉川学園が創立30周年記念式典を盛大に挙行した翌年の、1960（昭和35）年4月8日、私は玉川学園中学部に入学しました。中学部の入学式の会場は礼拝堂でした。この日は、小原國芳先生の満73歳の誕生日でもありました。小原先生と私どもの年齢の差は約60歳。ちょうどお爺さんと孫という関係での子弟の始まりでした。

新入生が全員入場して着席すると、国歌。そして、クラス毎に新入生が登壇して新入生の名前が担任の先生によって読み上げられ、返事をして中央に進み出ると、岡田陽部長から上級生へ紹介され、一礼しました（写真①）。そして小原先生と握手。温かい手のぬくもりを今も覚えています。新3年生は3クラス。新2年生は4クラス。団塊の世代である昭和22年、23年生まれの、新1年生である私どもの学年は5クラス。約200名が入学しました。

新入生の紹介に続いて、小原國芳先生のお話でした。小原先生は、「入学おめでとう」とお祝いを述べられた後、自分自身は家が貧しかったために、当時創設された旧制の川辺中学校へ進学できなかったことを話されました。

小学校の成績は抜群に良かった國芳少年でしたが、父親が金山に手を出してしまい、それが失敗したために、家も、屋敷も、田んぼも、みな他人の手に渡って、経済的に大変な状況になったうえに、さらに両親が早逝したために、小原家は貧乏のどん底にありました。そんな中で新しくできた中学校へ進学できるとは思っていなかったのですが、新しく中学校ができること、よかったらぜひ進学したいことを兄さんに告げると「願書だけは、出しておいてみい！」と言ってくれたのでした。國芳少年は、兄さんに何か策でもあるのかと思って試験勉強を頑張っていたのですが、結局入学試験は受けられないことになったのでした。

写真① 新入生紹介。中央は岡田陽部長。右端が小原國芳先生（礼拝堂、1960年4月8日）

小原先生は、そのときの様子を、まるで昨日のことであるかのように話されました。

受験に一緒に行こうと友人が朝誘いに来て、「國さん、入行こうや。まだかーい？」と門の前で叫ぶ。「兄さん、入学試験を受けに行きたいので、交通費をください」と言う國芳少年に、兄さんは「國、本気か？」と。國芳少年は、「お兄さんが願書だけは出しておいてみい、と言ったではないか？」と精一杯の反論。お兄さんも「確かに言うことは言った。でも國、このような状況ではお前を進学なんかさせられないだろう！」と。

理屈ではわかっているものの、入学試験を受けられなかった國芳少年は、悔しくてたまりませんでした。かつては馬小屋に馬もいたが、今はもういない。その馬小屋の中に飛び込んで、枯草の中に頭突っ込んで一日中泣いたことを、涙ながらに話されました。そして最後に小原先生は言われました。「僕が入学できなかった中学校に、君らは進学できたのである。君らはなんという幸せ者か！」と。新入生のやる気が引き起こされたことは、言うまでもありません。

引き続き、「今日からは玉川っ子！　玉川の中学生とはどういう生徒なんだろう？」と問いかけられました。そして小原先生は、少年時代のイエス様が「イエスはますます知恵が加わり、背たけも伸び、そして神と人から愛された」（ルカによる福音書2章52節）と『聖書』に描かれていることを紹介して、どうか神と人に愛される玉川学園中学部の生徒であってほしいと言われました。そのためには、良い頭だけでなく、綺麗な心、強い体を持った中学生、つまり小原先生の主張される「全人」に向かって成長していくことを祝辞として述べられました。小原先生の「全人教育論」は、学問（真）・道徳（善）・芸術（美）・宗教（聖）、ならびに健康（健）と生活（富）の調和的発展をめざすものですが、小原先生は中学部の入学式では、中学生にもわかりやすいように、少年時代のイエス様を例にして話されたのでした。

礼拝堂での入学式が終わり、小学部のグランドの階段で記念撮影をし、その後中学部校舎へと移動しました。中学部の玄関（写真②）前の花壇の中には、小原先生が入学式の祝辞の中で紹介された聖書の言葉が、小原先生の手によって筆で書かれ、それが刻まれた碑が建っていました。現在では中学部の新校舎が別の場所に建て替えられました。今でも中学部の玄関入り口でそれを見ることができます。さらに、新たにこの碑の言葉が銅板に刻まれ、中学部玄関の壁にはめ込まれています（写真③）。

写真② 私どもが入学したころの、「夢」の彫刻が飾られた玉川学園中学部の玄関

写真③ 現在の玉川学園中学部の玄関

18　礼拝時の心に残る小原先生の説教
――「求めよ、さらば与えられん！」を中心に

中学部の時間割には、週に一度「礼拝」の時間がありました。司式は土居益雄先生、説教者は小原國芳先生でした。毎週、聖書の中からいろいろな聖句が選ばれ、その聖句を基に説教を聴きましたが、それは単なる聖書の言葉についての説明ではなく、そのことから発して日常的な事柄に結びつけて話してくださることも多く、私どもはみんな小原先生の話を聴くのが楽しみでした。私どもにしてみれば、毎週小原先生の話が聴けることで、玉川学園中学部に入学したんだ、小原先生の弟子になれたのだ、ということを実感しました。

小原先生にとっても、週に一度生徒たちに直接話ができるということは、楽しみな時間であったように思われました。思えば、小原先生は鹿児島縣師範学校時代にランシング女史と出会い、そこで子どもたちを対象とした日曜学校の説教を担当して以来、広島時代、香川時代、京都時代と、それぞれ所属した教会において続けられ、それは完全に生活の一部になっていました。成城時代は「修身」の授業の中で、子どもたちに語り続けられましたが、子どもたちと一緒に讃美歌を歌い、聖書を読みたいということも、小原先生が新しい学校、玉川学園を創立された一つの大

きな動機だったように思われます。

讃美歌を歌い、司式の先生と一緒に聖書を読み終わると、小原先生が説教するために登壇されました。だが壇上にあがるとすぐ話し出されるのではなく、説教台に聖書・讃美歌、そして懐中時計を静かに置かれた後、壇上の前端を左右に移動しながら各列の前に立って、その列に座っている生徒たちと向かい合われました。

下を向いている生徒には、「話は目で見るものだ！」と言って、話し手の小原先生の方を向くように促され、背骨が丸くなって姿勢の悪い生徒に対しては、もっとお尻を椅子の背もたれの方へ引いて背筋を伸ばすように注意されました。そして、「姿勢を正せ。そうするだけで10年は長生きできる」という言葉を添えられました。

若いころ、海底電信局勤めで胸を患われた小原先生でしたが、当時73歳ながらも元気溌剌《はつらつ》でした（その後も元気に過ごされ、90歳まで長生きされました）。「姿勢を正せ。そうするだけで10年は長生きできる」という言葉は、小原先生の体験から出た言葉であるだけに、説得力がありました。

各列の生徒との対面が終わると、その日の聖書を読みながら、聖書の言葉を題材として講話に入られました。ある礼拝のときの聖書購読は、「何事でも、人々からして欲しいと望むことは、人々にもその通りにせよ」（マタイによる福音書7章12節）という聖句でした。これはイエス様の「山上の垂訓」の一節ですが、小原先生は、人生においてこの上もなく有益な教訓であることから「黄金律」とも呼ばれると説明して、黒板に英語で〝Golden rule〟と綺麗な筆記体で書かれたことを思い出します。

そのほか、「求めよ、そうすれば、与えられるであろう。捜せ、そうすれば見出すであろう。門を叩け、そうすれば、開けてもらえるだろう。すべて求める者は得、捜す者は見出し、門をたたく者は開けてもらえるからである。」（マタイによる福音書7章7～8節）という聖句も覚えました。

キリスト教の『聖書』の言葉ではあっても、先ほども触れたように、宗教臭さをなくし、私どもの日常生活に生かせるように話されました。玉川学園が礼拝堂を持ち、幼稚部から大学まで「礼拝」という必修の時間があって、聖書を読みながらも、それを教育の教えとして生かそうとされたがゆえに、玉川学園はキリスト教の教えを基礎に置きながらも、決して伝道を主とするミッション・スクールではありませんでした。小原先生も伝道のためのキリスト教ではなく、教育の一環としてキリスト教の教えを生かそうとされたのです。

「求めよ、そうすれば、与えられるであろう。捜せ、そうすれば見出すであろう。門を叩け、そうすれば、開けてもらえるだろう」は言葉が丁寧すぎて、表現が少し弱い感じがすることを話され、「求めよ、そうすれば、与えられるであろう」より、「求めよ、さらば与えられん」という文語体の方が、やはり力強くていいと話されて、これまた黒板に英語で、〝Ask, and it shall be given you〟と書かれたこともありました。この聖書の言葉は小原先生自身の人生においても絶えず導きの言葉として大切にされたようでした。

小原先生は、自分がこの地に玉川学園を創立するにあたっても、地主たちを相手に、この丘をどれだけ自分の教育の場として欲しいのかという気持ちを、積極的に誠意をもって伝えたことを語られたことがありました。買収する土地が決まり、登記所で地主たちがどのくらいいるのかを調べられたところ、一帯の330万平方メートルの地主は270名ぐらいだったとか。誰か一人でも反対者がいたら、まとまった土地は手に入らないわけです。小原先生は、すべての地主たちに集まってもらい、一世一代の大演説をされたのでした。「お願いいたします。私はこの地に世界一の学校を作りたい。山が欲しいのです。考えてみますと、比叡山も、高野山も身延山も山です。昔から大本山というではありませんか。……あなた方も、先祖伝来の土地を手放されるのは大変だというのは十分わかります。私もできるだけ奮発します。現在の地価の3倍。3倍お払いしますから売ってください」と。

地主たちはあっけにとられたといいます。「東京の先生なんて馬鹿なもんだ！　あの崖っぷちや山を何に使うんだろう？」、「あの山が現在の地価の3倍なら、売っても先祖たちも怒らないだろう！」、地主たちの反応はそういったものだったようです。小原先生の「この丘が欲しい」という熱意と、「現在の地価の3倍で買います」という誠意が通じ、誰も反対することなく土地がまとまったのでした。

「地価の3倍」で買ったら損をする、という考えは小原先生の中にはありませんでした。たとえ「地価の3倍」を払ったとしても、小原先生の頭の中には、購入しようとする土地が虫食いとならず、大きくまとまって購入できさえすれば、学校と学園村の境目になるところに小田急に頼んで駅を作って、電車を停めてもらおうと考えられていたのです。駅ができれば、地価は一変に高騰するはずであり、土地購入の際、地価の3倍を払っても、住宅地分譲の際は、それ以上に高くなるのであり、それは安いものになるはずでした。

話を聴いていて、自分たちもその場にいたような気分になり、ワクワクしたのを覚えています。「求めよ、さらば与えられん」という聖句の大切さとともに、目先のことだけで損得を計算するのではなく、長いスパンで物事を考えることが大切であることも、小原先生はこの説教の中で教えられたのでした。

説教の最後は、毎回お祈りをされました。「天のお父様」と呼びかけられるのが、いつもの小原先生の祈りの出だしでした。礼拝の時間が持てたことに感謝するとともに、その日に病気で礼拝を欠席している仲間の早い快復を祈られました。先生の祈りが終わると、私どもも素直に「アーメン」と唱和できました。

19 「教えられた知識より、自ら摑《つか》んだ知識が貴い！」

——小原先生の自学自習の教え

中学部に入学して、私にとって学校のイメージが大きく変わりました。週に一度、園長である小原先生のお話を聞く礼拝はあるし、毎日朝会があって週番の生徒の指揮に合わせて季節の歌と校歌、ホームルームへ行けば昼食の前後、帰りの集会でも歌いました。そのためか、音楽室でもないのに、ホームルームにピアノが置かれた教室もありました。とにかく朝から帰るまで、よく歌ったのを覚えています。さらに、自分たちの使うトイレを掃除するだけではなく肥やし汲みの当番もあるし、労作の時間があって、道ぶしんや畑作りもやりました。でも一番驚いたのは、日々の学習の進め方でした。これは小原先生の「学習論」に基づくものでした。

中学部入学に際しては各自に「生徒手帳」が配られましたが、これは「学校と家庭の連絡簿」であると同時に、日々の学習のための必需品でした。「この手帳の使い方」を説明した頁には、最初に「この手帳は、各生徒の学校生活の記録であり、教師・生徒・父兄の間の貴重な連絡簿であります」とありましたが、最後にゴシック体で「この手帳は、定期的に、毎週末、毎月末、担任及び部長に提出して、閲印を受けるようにします」と記されていました。

ホームルームはあったのですが、その教室は担任の先生のいわば教科の研究室であり、授業はホームルームで受けるのではなく、時間割に従って教科担当の先生の教室へ生徒が訪ねてそこで受けました。しかも、教室へ行けばそこで教科担当の先生の授業を聴いて勉強するものだと思っていたのですが、もちろん先生の授業もあることはあったのですが、同時に、教室は生徒たちが自ら学ぶ、つまり自学する場所でもあったのです。

先生による一斉授業は、その単元でやることへの導入、あるいは興味付けであり、ある程度自学が進んだ後は、重要なポイントのまとめがなされたように記憶しています。その他の時間は、「手引き」と呼ばれる冊子に従って、自分で問題を解いていくというシステムでした。ですから、教科担当の先生の教室は、生徒がたくさん来ても自由に自学できるように、たくさんの事典や専門書、参考書が並べられていました。

一斉授業ばかりですと、一般的には教師は中程度の生徒に基準をおいてしまい、できる子はわかっていることを授業でまた教えられ退屈ですし、反対に進度の遅れている生徒は、授業に置いていかれることになってしまいがちです。ですから当時の中学部の教科の一斉授業では、最低抑えるポイントを示してやったうえで、後は各自の理解度に合わせて自学していくことになっていたわけです。中学部全体の図書室は別にありましたが、教科の担当の先生の教室に行くと、そこは専門の辞書や専門書が集められたミニ図書室でした。と同時に、その教室は、先ほども触れましたが、教科担当の先生にとっては自分の研究室であり、そこに原則として一日中おられました。先生方にとっても、世間で言うような自分たちの机が横一列に並んだ職員室はなく、中学部では、事務室と部長室の中間にやや広い空間があり、そこにテーブルとゆったりした一人用の椅子が置かれていました。そこが、授業を終えた先生方がお茶を飲んだり、他の先生方と相談したり、職員会議をしたりするときに使われていました。

では、何故に小原先生は「自学」を大切にされたのでしょうか。世間ではよく「百聞は一見に如かず」、つまり百回聞くより一回見る方がわかりやすいとよく言いますが、小原先生にあっては、さらに「百見は一労作に如かず」と主張されました。ここで言う「労作」とは「働くこと」というより、広い意味で「実践」、「体験」、「試行」ということを意味しています。百回見るよりも、一回実際にやってみることが重要だということです。つまり、生徒自ら問題意識をもって探求することが大切であり、「教えられた知識より、自ら摑んだ知識が貴い！」ことを度々強調されました。小原先生にあって真の知識は、自ら苦しみ、作り、体験し、試み、考え、行うことによってこそ得られるものだったわけです。

教師についても、「教える教師は下の下、生徒に自らやらせ、摑ませる教師こそ偉い教師だ」と述べられていたのです。生徒にとって知らないことは「教わっておりません」と教師任せにするのではなく、自分が「調べておりません」、「学んでいません」となるわけです。

もう少し具体的に見ていくことにします。一般の学校の場合、時間割は少なくとも一学期間は固定している場合が多いと思いますが、当時の中学部にあっては、「礼拝」、「自由研究」等の全学部共通の時間は固定されていましたが、教科の時間割は、学年ごとに毎週変わりました。大方の場合、前の週の土曜日に次の週の時間割が発表され、生徒は土曜日の4時限目のホームルームにおいて翌週の時間割を生徒手帳に書き込み、自学の時間については、各自の進度に従って自分の計画で時間割を完成することになっていました。

英語は同一の時間に授業が行われても、努力別のクラスが編成され、単元テストの成績次第でクラスを上下するという有様でした。国語、算数、理科、社会に関しては、一斉授業を行いながらも同時に自学の時間があり、そこの時間は赤枠で示され、各自の計画に従って時間割が作成されました（写真①）。[註1]「手引き」に従って1週間ごとに問題を解き終わると、自学の時間に担当の先生のところへ行き面接を受けました。そして4週間が終わってその単元の勉強がすべて終わると小テストを受け、それに合格すると1カ月の学習が終了したとみなされ、教科担当の先生から認印をもらいました。全担当の先生からの認印が終了すると担任から閲印をもらい、最後に中学部長のところで閲印をもらって1カ月の学習が終わるというものでした（写真②）。[註2]余裕を持って終わった場合、一斉授業には時間割通り出席しますが、赤枠の自学の時間には、さらに自分で追求したり、自由研究に費やすことが許されていました。

教育界において、現在盛んに「アクティブ・ラーニング」が言われて、能動的な学習の勧めがなされていますが、小原先生にあっては、昔から「学問を掘っていく力」、「学問を究めていく力」、つまり自ら学んでいく力が尊いことを強調し、実行に移されていたのでした。

〔註1〕時間割の中で、赤枠の部分は太く強調しました。
〔註2〕学習進度表（右）において、学習が終わった部分には、赤色で棒グラフが塗られています。

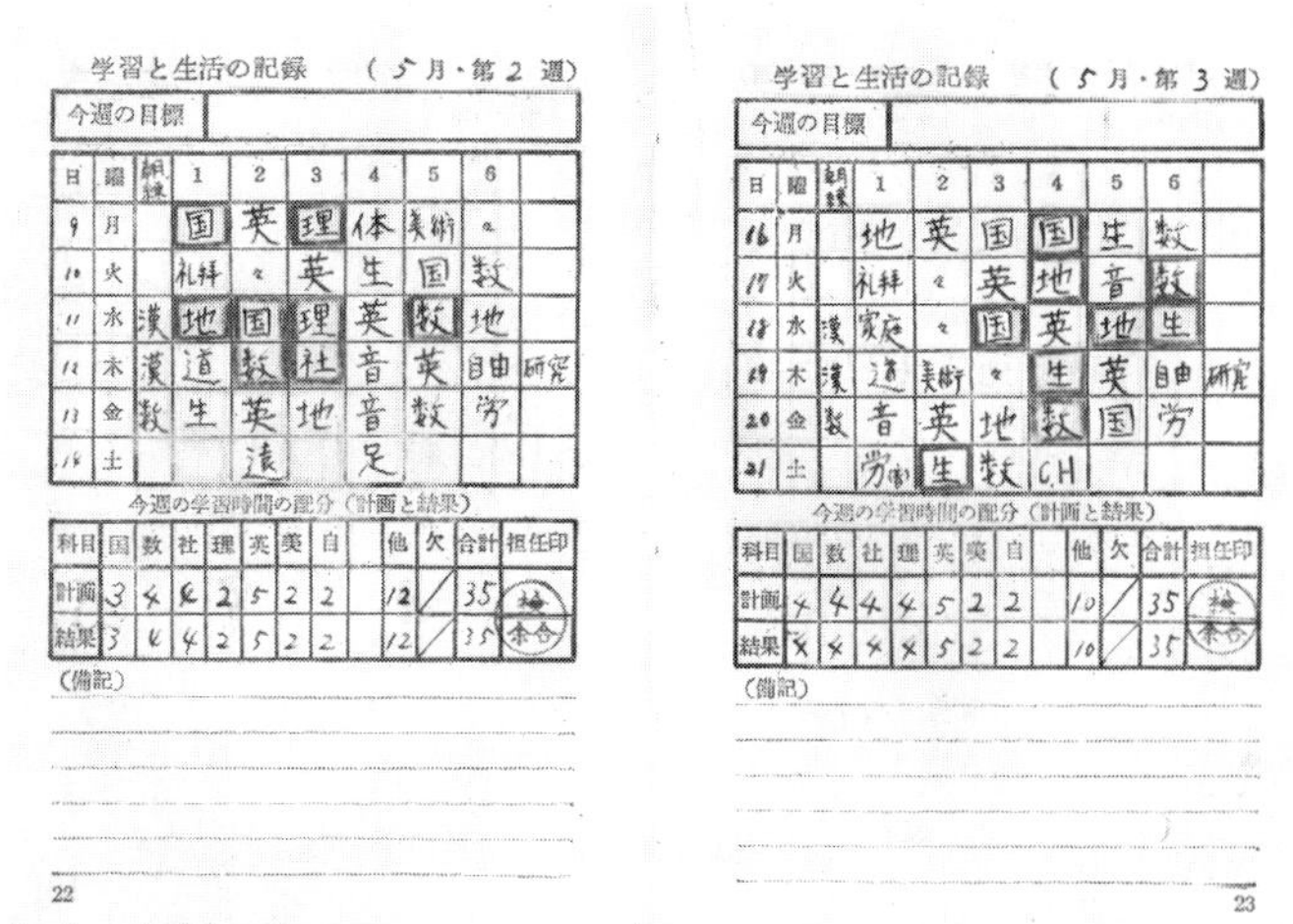

学習と生活の記録 （5月・第2週）

今週の目標

日	曜	朝練	1	2	3	4	5	6	
9	月		国	英	理	体	美術	々	
10	火		礼拝	々	英	生	国	数	
11	水	漢	地	国	理	英	数	地	
12	木	漢	道	数	社	音	英	自由	研究
13	金	数	生	英	地	音	数	労	
14	土			遠		足			

今週の学習時間の配分（計画と結果）

科目	国	数	社	理	英	美	自		他	欠	合計	担任印
計画	3	4	6	2	5	2	2		12		35	
結果	3	4	4	2	5	2	2		12		35	

（備記）

22

学習と生活の記録 （5月・第3週）

今週の目標

日	曜	朝練	1	2	3	4	5	6	
16	月		地	英	国	国	生	数	
17	火		礼拝	々	英	地	音	数	
18	水	漢	家庭	々	国	英	地	生	
19	木	漢	道	美術	々	生	英	自由	研究
20	金	数	音	英	地	数	国	労	
21	土		労働	生	数	CH			

今週の学習時間の配分（計画と結果）

科目	国	数	社	理	英	美	自		他	欠	合計	担任印
計画	4	4	4	4	5	2	2		10		35	
結果	4	4	4	4	5	2	2		10		35	

（備記）

23

写真①　毎週変わる時間割（太枠内は自分で設定した自学の時間）（1960年5月、第2週目、第3週目の時間割）

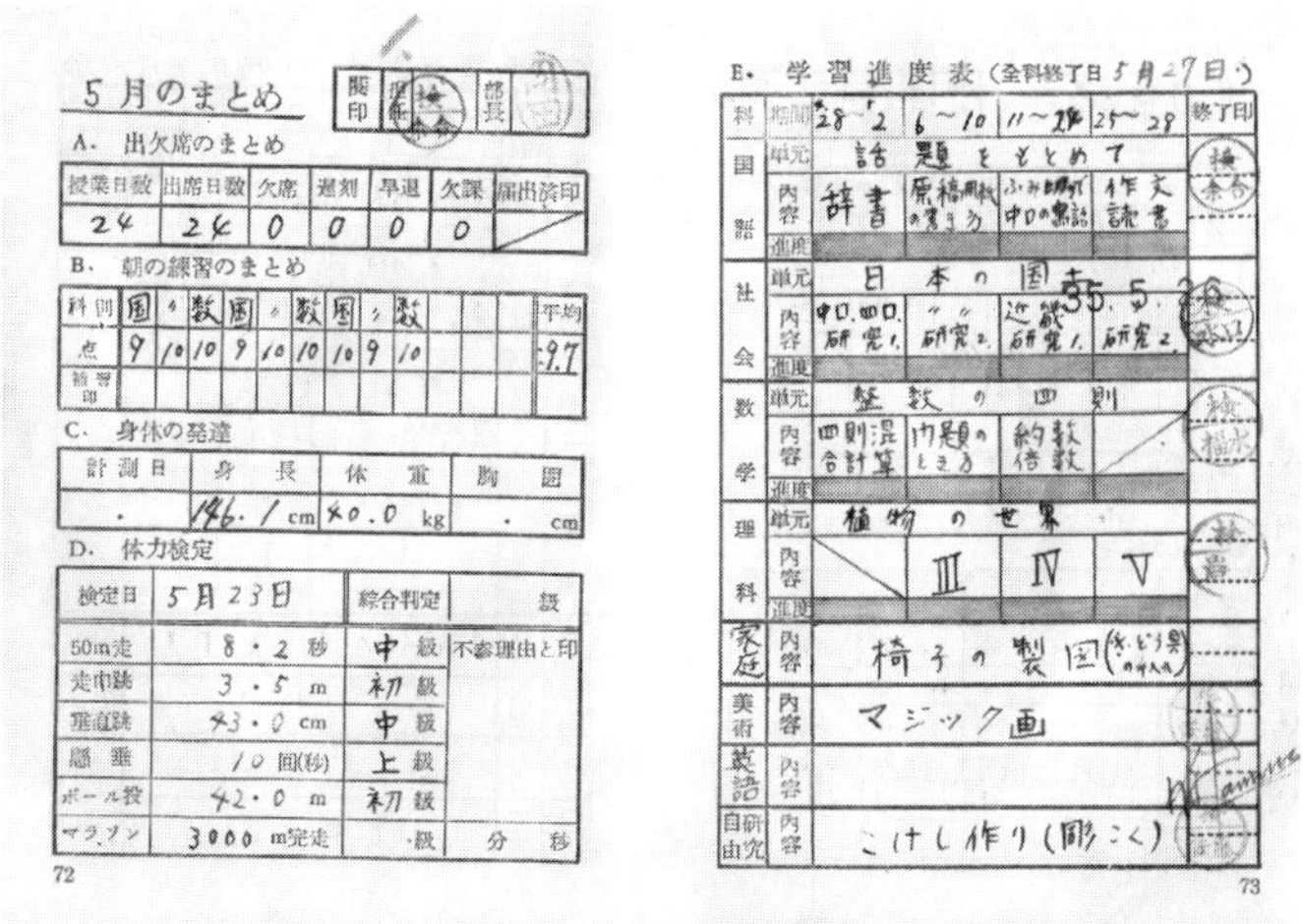

5月のまとめ　担任印　部長

A. 出欠席のまとめ

授業日数	出席日数	欠席	遅刻	早退	欠課	届出済印
24	24	0	0	0	0	

B. 朝の練習のまとめ

科目	国	々	数	国	々	数	国	々	数			平均
点	9	10	10	9	10	10	10	9	10			9.7
練習印												

C. 身体の発達

計測日	身長	体重	胸囲
.	146.1 cm	40.0 kg	. cm

D. 体力検定

検定日	5月23日	総合判定	級
50m走	8・2 秒	中 級	不参理由と印
走巾跳	3・5 m	初 級	
垂直跳	43・0 cm	中 級	
懸垂	10 回(秒)	上 級	
ボール投	42・0 m	初 級	
マラソン	3000 m完走	級	分 秒

72

E. 学習進度表（全科終了日 5月27日）

科	週間	28～2	6～10	11～[illegible]	25～28	終了印
国語	単元	話題をまとめて				
	内容	辞書	原稿用紙の書き方	[illegible]	作文 読書	
	進度					
社会	単元	日本の国土				
	内容	中口，四口，研究1	〃〃 研究2	近畿 研究1	研究2	
	進度					
数学	単元	整数の四則				
	内容	四則混合計算	問題のとき方	約数 倍数		
	進度					
理科	単元	植物の世界				
	内容		Ⅲ	Ⅳ	Ⅴ	
	進度					
家庭	内容	椅子の製図				
美術	内容	マジック画				
英語	内容					
自由研究	内容	こけし作り（彫こく）				

35.5.26

73

写真②　中学部1年生の生活・学習の記録（1960年5月）

20 「馬鹿になれ、馬鹿になれ、大バカに！」
――中学部時代の「オヤジ当番」の思い出

「塾」と聞くと、現在の日本では学習塾を連想してしまいますが、小原先生が言われる「塾」とは、吉田松陰の「松下村塾」、広瀬淡窓の「咸宜園塾」のように、先生と学生が寝食をともにし、心から心への繋がりを大切にした家庭的な学びの場でした。

玉川に塾（塾舎）がなくなった今では考えられないことですが、私が玉川塾で生活を始めた1960（昭和35）年当時、そこには全国から多くの中学生、高校生、大学生が集っていました。現在私が思い出す限りで、中学生でも、北は北海道、青森、埼玉、茨城、静岡、愛知、神戸、岡山、山口、福岡、そして南は沖縄からも来ていました。

沖縄は当時まだアメリカから返還される前のことであり、沖縄から来ている友人たちは、パスポートを持ってきていたのを覚えています。塾生ではなかったのですが、私が中学部の1年だったとき、教育学科4年生に在籍していて、後に円谷プロダクションに就職して「ウルトラマン」の原作をした金城哲夫さんも沖縄から来ていました。

ところで、玉川学園は創立当時から小原先生を中心にした一つの共同体であり、小原先生は、玉川の全児童、生徒、学生、教職員から「オヤジ」と呼ばれていました。そして、小原先生のお傍でお手伝いする生徒、学生のことを「オヤジ当番」と呼んでいました。塾生には、この「オヤジ当番」を優先してやれる立場にありました。

小原先生の自宅は学園創立当初から礼拝堂の下、学園の中心にありました。先生の自宅の玄関を入ると、客間につながる8畳の部屋があり、そこには大学の男子塾生たちが原則的に二人ずつ寝泊りをしていました。昼間は大学の授業へ出席しますが、朝は他の塾生たちと一緒に6時に起床し、聖山礼拝にも出席し、朝食を終わったところで小原先生宅に戻り、玄関等を清掃したり牛舎へ牛乳を取りに行ったりしました。また夕食も他の塾生たちと一緒に塾食堂で済ませ、それ以降はまた小原先生宅に戻り、そこで次の日の授業の予習をしたり、小原先生のお手伝いをしていました。大学生がいない昼間の小原先生宅のお手伝いをするのが、実は中学部の男子塾生たちに与えられた特権でした。

用務員さんのいないのが玉川教育の特徴でしたので、通学生には「オヤジ当番」はなくても、「事務室当番」というものがあり、当番に当たった日には、事務の先生方の隣に用意された生徒用の机付の椅子に座り、必要に応じて電話に出たり、お客様にお茶を出したりしました。電話での応対の仕方、お茶の出し方も実践の中で学びました。中学部では、それがまた生きた勉強と考えられていました。お昼には先生方にお茶を出す機会があり、事務室当番を通して、先生方や事務の先生方とも親しくなることができました。

さて、中学部の男子塾生たちによる「オヤジ当番」に戻りたいと思います。普通の日は、朝食が終わり、みんなで部屋の掃除をしたりして、8時になると登校太鼓が鳴り、中学部へ登校しましたが、オヤジ当番に当たった日は、朝、他の塾生たちが中学部へ出かけるとき、上級生と下級生の二人からなるペアは、礼拝堂下の小原先生のお宅へと出かけていきました。その日は、中学部校舎ではなく小原先生の家が学校であり、小原先生と小原先生の奥様が先生でした。

小原先生宅の玄関を入ると、先ほども少し触れたように、客室へと繋がる8畳間があったのですが、その部屋には、障子で隔てられた廊下側に大学生二人の学習机が並んで置かれていました。中学生のオヤジ当番は、用事のないときはその大学生たちの机を使わせてもらって、学校から与えられた「手引き」に従って自学し、お客様が来られると、客室へ案内し、台所へ行って小原先生の奥様（小原先生を「オヤジ」と呼ぶのに対して、小原先生の奥様を、私どもは親しみを込めて、「おば様」と呼んでいました）にお茶を入れてもらい、お客様にお出しし、おば様の指示に従って、小原先生を書斎の方へ呼びに行くこともありました。

お客様が帰られた後は、ときには、色紙書きのお手伝いをすることもありました。そんなときは最後に、「君らにも記念に何か書いてあげよう！」と言われて、書いてもらうことがありました。私の手元には、現在「馬鹿になれ、馬鹿になれ、大バカに！」という色紙があります。「小利口者になるなよ！」小原先生のそのときのお言葉とともに、私にとっては、かけがえのない宝物となっています。

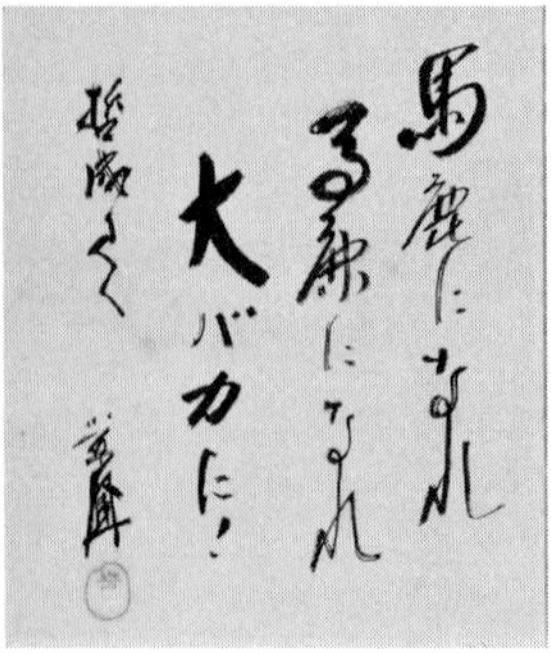

21 「only one, only onceの命を大切に！」
――玉川塾の誕生会における小原先生の祝辞

先に述べましたように、１９６０（昭和35）年４月、私は玉川学園中学部に入学しました。福岡からの入学で、親元を離れての生活でしたので、私は「玉川塾」に入り、中学部の塾生としての生活を始めました。「玉川塾」は生徒たちの生活の場として、玉川学園創立とともに始まったものでした。

より正確に言えば、玉川学園草創期には生徒たちの生活の場として、「塾」と併せてもう一つ「寮」という名の自治寮が存在していたようです。玉川草創期の生徒であった諸星洪氏によれば、「塾」というのは、玉川学園内に建てられた先生方の家に、新入生五、六人ずつが入り、先生ご夫妻の指導の下に、まるで家族のように寝食を共にして、特に生活の面で訓練を受ける場であったようです。初めのうちは伊藤先生の塾、つまり「伊藤塾」だけだったようですが、新入生が増えるに従い、青野先生の塾である「青野塾」等が増えていったようです。新入生はまず先生方の家、つまり「塾」に入り、１年ほどの訓練が終わると「寮」に移されたようです。初期の玉川学園の概略図を見ると、確かにそこには「伊藤塾」や「青野塾」と併せて「寮」という表記を見ることができます（図①）。

時が流れ、小田急線を中心とした交通機関の発達により、玉川学園で学ぶ生徒が増えていく中で、自宅から通ってくる通学生も増えていき、学園内の先生方の自宅兼塾もなくなって、小原國芳先生の自宅（現在の「小原記念館」のある場所に住まいを構えられていました）の北側一帯に、新入生が（先生方と同じ屋根のもとで）生活した塾と上級生の自治寮とを一緒にした、生徒、大学生たちが集団で生活する場としての新しい形の「塾」の建物がまとめて建てられていきました。いうなれば、小原國芳先生が塾長を兼任される生徒、大学生たちの新しい集団生活の場へと化していったのです。このように、「玉川塾」の形態は変わっていきましたが、寝食をするための単なる生活の場としてではなく、教育の場であることは守り続けられました。

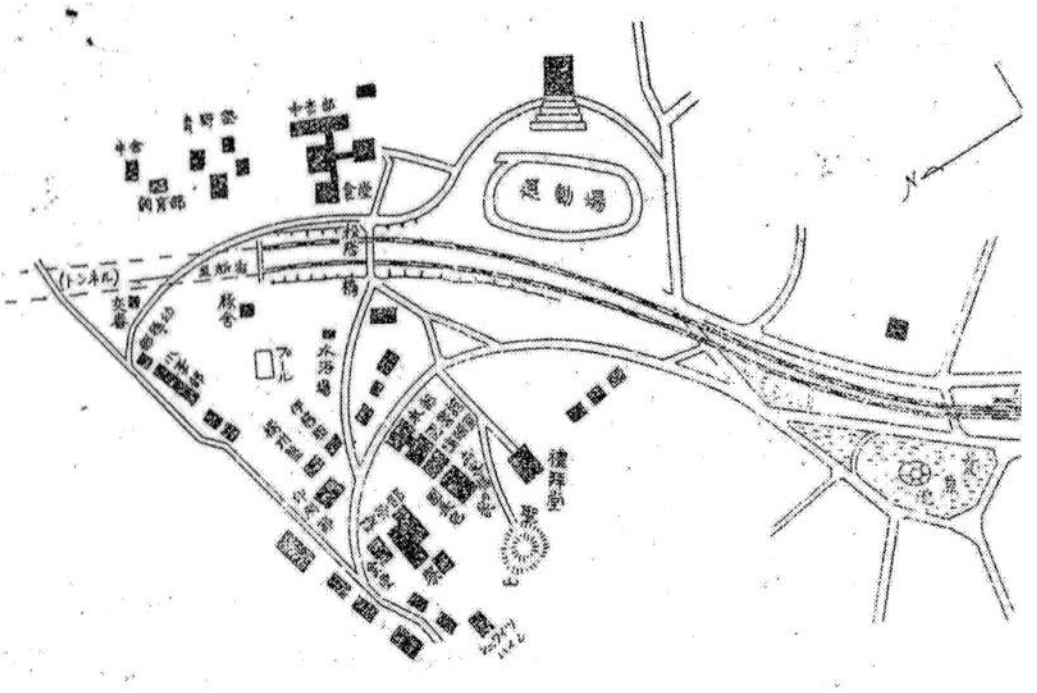

図①　「労作教育研究会講習要領」の最終頁に載せられた「玉川学園案内略図」

私が入塾したころの玉川塾は、中学生から大学生までの男女約２００名が、一つの集団として生活していました。私が住んでいた中学部の男子塾舎は、木造平屋の梁山塾（写真①）でした。道を隔てて同じく中学部男子生徒用の木造平屋の崇峰塾がありました。

ちなみに中学部男子塾の舎監は当時中学部教諭だった

古谷太郎先生。梁山塾の私の隣室では、小原哲郎先生夫妻が長期のヨーロッパ研修に出掛けられていましたので、現学園長の小原芳明先生（当時、中学部2年）も生活されていました。

梁山塾からさらに西へ木造平屋の若葉塾（男子大学生）、その後方に、木造二階建ての暁峰塾（男子高校生・大学生）が建っていました。女子塾は、小原先生宅により近い場所に、木造平屋の竜胆塾と海棠塾の2棟がありました。

塾の日常の運営は、週番によって担当されました。生活の合図は太鼓でした。「太鼓」は「太古」に通ずるというので、小原先生が、そのゆったりとした、お腹まで響く太鼓の音を好まれたからでした。

写真①　梁山塾（中学部男子塾）（1960年）

写真②　朝6時の「起床太鼓」（1960年ごろ）

毎朝6時に一番太鼓がなる（写真②）と起床。すぐに身支度をして、6時20分になると礼拝堂の裏手にある聖山に向かい、到着した順番に円形を作って黙禱《もくとう》し、6時30分の3番太鼓を合図に、朝の聖山礼拝（写真③）が始まっていました。

朝の聖山礼拝が終わると小学部のグランドに移動して、大学生の指導で体操を行い、7時から塾食堂（写真④）で会食形式の朝食でした。小原先生が朝の聖山礼拝に出席された際は朝食も一緒に食べられ、その後に短い話をされました。「先日こんなことがあってな！」と話し出されることが多く、話の内容は、最近小原先生がどなたに会われ、どのようなことがあったのか、まるで食卓で祖父の話を聴くようでした。そして、いつも最後に必ず言われることは、「みんな、もっと噛んで食べなければダメだ！」ということでした。そして「少な

写真③　6時30分から始まる「聖山礼拝」（1960年ごろ）

写真④　1960年9月に竣工した「塾食堂」
（手前の平屋の建物）

くとも30回は噛んでほしい。そうすることによって栄養もよく摂れるようになるし、健康も保てるようになるよ！」と付け加えられました。

小原先生の話が済み、朝食の時間が終わると、食事当番にあたっている男性たちは食卓の片づけと食堂の掃除を行い、女性たちは、当番制で、炊事場に入って従業員の方々と一緒になって食器洗いを手伝うのが通例でした。同様に夕方は、夕食時間の30分前に、当番にあたっている男性たちは、配膳のために食堂に向かい、同様に当番にあたっている女性たちは、エプロンをもって炊事場に入って食事の準備を手伝いました。曜日を決めて、夕食の後には音楽の得意な大学生の指導で、合唱練習があったりもしました。

塾での共同生活は一年中朝6時の起床で、冬の朝など辛いことも多かったのですが、概して楽しいものでした。そのような塾生活の中でも、何よりの楽しみは月に一度の誕生会でした。この日ばかりは、小原先生から食堂を委ねられていた清水のおじさんとおばさんが、腕によりをかけて料理を作ってくれました。普段は比較的簡素な料理でしたが、この日ばかりは一流レストラン並みの銀の食器を使った料理でした。清水のおじさん特性のスープを銀のスプーンでいただき、やや厚めの豚肉の生姜焼きを、銀のフォークとナイフで切り分けながら食べたことを思い出します。月に一度のテーブルマナーでもあったわけです。食事が終わると誕生者の紹介、余興と続き、時の過ぎるのも忘れるくらいでした。

誕生会の結びは小原先生のお祝いのスピーチでした。毎月の誕生者には、前もって、学園の絵葉書が配られ、両親宛のハガキを書くことがいつのころからかなされていました。小原先生の発案だったと思われます。誕生者はハガキの上部に自分の両親の住所と名前を書き、下部の右半分に誕生日を迎えたそれぞれが、メッセージを両親宛に書いて、部屋長経由で小原先生の手に渡りました。

するると、下部の左半分の空欄部分に小原先生が一言付け加えられてから、秘書室の方が投函してくれていました。息子、娘が一言書いただけではなく、受け取ったハガキには、小原先生の直筆で「〇〇君、元気で頑張ってくれています。玉川　國」あるいは、「〇〇さん、元気で頑張ってくれています。玉川　國」と一筆書き添えられたハガキを見た両親の喜びは、一入だったと思います。そのようなことを自然にやれるのが小原先生でありました。小原先生のお祝いのスピーチは、まず誕生者が書いたハガキの講評から始まるのが通例でした。

続いて、誕生日を祝うことの意味、一人一人が欠くことのできない存在であることについて話されました。あるときは、目の前にある二つの湯飲みを取り上げて話されたこともありました。「ここに二つの湯呑みがある。見た目は同じように見えるけど、果たしてこの二つは同じだろうか？　決して同じではないね。この世には、一つとして他のものと同じものはない。人間もそうだ。よく似ている双子であっても、別々の違った存在なんだ」と。そして、「一人一人にとって、自分の命は、誰とも取り替えることのできないたった一つの命、一回限りの命である。命が二つも三つもあれば、一つは華厳の滝から飛び込んでみるのもいいかもしれない。しかし、神様からいただいた命は一つ、しかも一度っきりである。だからこそ、貴いのである。only one, only once の命を大切にして生きていってほしい」、そんな話をされました。

そして誕生会の最後は、讃美歌の４０２番、「主のしもべ」を全員で歌いました。「主の僕の睦まじさは　天なるみ民の様に似たり。　心合えば言葉も合い　一つの祈りを捧げまつる。　結びあいしこの友がき　変わらじ朽ちせじ　永久《とこしなえ》に」と。讃美歌を歌い終わると、小原先生が「天のお父様、今宵も楽しい誕生日のお祝いを行うことができましてありがとうございました。……」と祈りをささげられました。小原先生の祈りが終わると全員で「アーメン」と唱和しました。小原先生と塾生たちの祈りが一つになる瞬間でした。

22 「オーケストラも学生の手でやりたい！」
――小原先生の笛に踊った塾の大学生たち

中学部に入学して3カ月を過ぎた7月、丸の内線「後楽園」駅近くにあった文京公会堂で、小学部から大学まで全学の「玉川学園音楽祭」が催されました。全学園の児童、生徒、学生の数がそれほど多くはなかった時代でしたので、体育祭と同じように、音楽祭も全学園共通の行事でした。小学部生たちは4年生以上が日本民謡を力一杯に合唱。私ども中学部生は三学年全員でヘンデルの「ハレルヤ」を、高等部生と大学生たちがベートーヴェンの「第九」交響曲の第4楽章、「歓喜に寄せて」を歌いました。

玉川大学は１９４７（昭和22）年、私学の最後の旧制大学として誕生したとはいえ、当時、創立からわずか13年しか過ぎていませんでしたので、学部も文学部と農学部の二つ、学科も教育学科、英米文学科、農学科の3学科しかありませんでした。全大学生の数も１０００名に満たないものでした。そんな時代ですから、玉川大学にはまだ独自のオーケストラもありませんでした。よって１９６０年、私が最初に経験した「玉川学園音楽祭」のときは、「ハレルヤ」も「第九」も指揮は近衛秀麿氏、オーケストラもＡＢＣ交響楽団の力を借りての演奏会でした。何とかして早く、指揮もオーケストラも自分たちでやりたいなあ、と小原先生は教育学科音楽専攻の先生方や学生たちに語られていました。その小原先生の思いを一心に受けて、その実現に努力したのが音楽専攻に在籍する塾の大学生たちでした。

男子の塾舎群は現在の大学5号館「ELF Study Hall 2015」（「語学教育センター」）あたりに、女子の塾舎群は現在の「University Concert Hall 2016」（「大学音楽堂」）あたりに広がっており、現在「Stream Hall 2019」（「工学・芸術統合校舎」）が建っているあたりに、塾生たちのための「塾食堂」（後の「りんどう食堂」）がありました。

写真①　平屋建ての「若葉塾」と二階建ての「暁峰塾」（後方）

男子の塾舎群の中で、私が住んでいた中学部男子の塾舎は木造平屋の「梁山塾」でしたが、その西側に大学生男子専用の平屋の「若葉塾」があり、その後方に高等部ならびに大学生の男子が住む木造二階建ての「暁峰塾」がありました（写真①）。夕食後のひととき、あるいは土曜、日曜日には、その暁峰塾の方から、大学生が弾くバイオリンや金管楽器の音が響いていました。当時、教育学科の音楽専攻の卒業生で大学助手兼舎監だった谷本智希先生（後、芸術学科教授）、教育学科3年在籍の藤本晃さん（後、芸術学科教授）を中心に、小原國芳先生の夢に応えるべく、１９５９年頃より、楽器のできる学生たちに呼びかけての練習が続いていたのでした。

１９６０年9月に小さな舞台の付いた新しい「塾食堂」が完成しました。この新しい塾食堂が完成して1カ月が過ぎた10月ごろだったと記憶していますが、毎月催されていた「塾誕生会」の余興として、藤本さんたちの器楽グループ十数名が室内楽を演奏しました。そしてその演奏が終わると、そこに出席していた小原國芳先生に「まだミニ・オーケストラではありますが、なんとか形が整いました。私たちのこのオーケストラに名前を付けてください」と依頼しました。すると小原先生はしばらく考えた末、「玉川には現在、近衛秀麿さんのＡＢＣ交響楽団が来てくれている。ＡＢＣ交響楽団にあやかって、君らのオーケストラの名前は、ＡＢＣのアルファベットの最後の3字をもらって、ＸＹＺ交響楽団というのではどうだろう！」と提案されました。玉川における最初のオーケストラ、「ＸＹＺ交響楽団」の誕生でした。

玉川塾の中で産声をあげた「ＸＹＺ交響楽団」は、その後玉川大学の課外活動として承認を受け、やがて「玉川大学管弦楽団」と呼ばれるようになり、徐々に部員も増えていき、本格的にオーケストラとしての形を整えていきました。「合唱だけでなく、オーケストラもすべてを玉川だけの力でやりたい！」という小原先生の夢が現実に近づきつつありました。

１９６２年12月、団員の数も高等部生数名を含めて40名を超え、玉川大学管弦楽団は玉川学園音楽祭において、初めて独力で、ベートーヴェンの「第九」の第四楽章を谷本智希先生の指揮で演奏しました。そして、藤本晃さんがコンサートマスターを務めました。長年の夢が叶い、小原先生が喜ばれたことは言うまでもありません。

「笛吹けど踊らず」という言葉がありますが、大学オーケストラの創設にあたっては、まさに小原先生が笛を吹き、教育学科音楽専攻の塾生たちがその笛に合わせて踊ったのでした。笛を吹いて大学生たちを実際に踊らすことができた小原先生の中に、私は教育者としての姿を見ることができたように思っています。

23 「オレの教育を水で流すのか！」
――トイレが水洗に変わった際の小原先生の一言

私が玉川学園中学部に入学したころ、学校とは言っても丘全体が緑に覆われ、丘のあちこちに建つ幼稚部、小学部、高等部の校舎はほとんどが木造でした。大学も文学部と農学部の2学部があり、教育学科、英米文学科、農学科の3学科ありましたが、すべてこれらも木造でした。当然トイレも汲み取り式であり、私が在籍していた中学部では、労作教育の一環として生徒たちが交代で肥やし汲みを行っていました。

二人が一組になり、前後で肥やし桶をかつぐのですが、玉川学園は丘の上にあり、起伏も多かったので、平地での作業とは違い大変でした。ときには、二人の背丈が違っていたりすると、バランスを欠き、桶の中の肥やしが揺れて飛び出し、労作着を汚すこともありました。

小原先生は、これを「肥やしの洗礼」と呼び、自分たちが出したものを汚いと言って他人にのみ頼むのではなく、自分たちも当然の務めとして肥やし汲みも積極的にやる、これこそ人間修行だとして教育の一環としておし進められていました。

中学部の生徒の中には、華族の流れを汲む私の一年先輩の徳大寺さんや、江戸時代の藩主の血を引く二年先輩の岡山の池田さん、一年後輩の佐賀の鍋島君などがいましたし、私の同級生には伊藤博文と一緒に大日本帝国憲法を作った金子堅太郎伯爵の孫などもいましたが、みんな例外なしに「肥やし汲み」の労作をやっていました。彼らは自宅で肥やし汲みをすることなんかないでしょうし、将来にわたってもそういう機会はないかもしれません。だが、小原先生にとっては、世の中には、そういう仕事があることを理解させ、それを実践させることも全人教育の一環だったのです。

写真①　文学部校舎の完成予想図

写真②　完成したころの文学部校舎（1962年）

ところで、私が玉川学園に入学した翌年の１９６１（昭和36）年、校門を入って目の前に見える小高い丘、聖山の中腹に、初めて鉄筋コンクリートの大学の校舎が建つことになりました。完成予想図（写真①）によれば、５階建ての鉄筋コンクリート建ての立派な建物になる予定でした。鉄筋の５階建ての建物（写真②）ですから、汲み取りのトイレというわけにはいきません。もちろんそのことは小原先生自身もよくわかっておられることでした。だが管財課の職員が「各階のトイレは水洗になります」と説明すると、小原國芳先生から出てきた言葉は、「君らは、オレの教育を水で流すのか！」だったそうです。

私は、もちろんその場にいたわけではなく、後に、管財課の職員の方から聴いたわけですから、どのような調子で小原先生がこの言葉を発せられたのか正確なことはわかりません。だが、私には、小原先生の目指す人間教育という点からすれば、蓋《けだ》し名言のように思われました。

24 玉川学園住宅地に響くクリスマス・ソング

――クリスマス・キャロリングの思い出

小原先生は、そもそも玉川学園という学び舎と玉川学園の町を、一体のものとして創られました。玉川学園の創立の年は、玉川学園町の創立の年でもありました。私が中学部に入学した1960（昭和35）年の時点でも、玉川学園という学校と玉川学園町は、「玉川学園前」駅を中心として広がっていることが見て取れました。そのころの「玉川学園前」駅を中心とした玉川学園町の風景は、今なお私の脳裏にハッキリと残っています。

「玉川学園前」駅の西口を出て玉川学園の学び舎の方へ歩くと、そこには、駐在所、町の小さな教会、消防施設、購買部、診療所、郵便局、出版部が両側に並び、玉川学園の正門へと続いていました。他方、「玉川学園前」駅の西口を出て商店街の方に向かって歩くと、八百屋の野川さん、洋裁雑貨の菊屋さん、パンの清水屋さん、坂本食堂、散髪の高橋さん、富士屋食堂等々。それらは、私ども塾生にとっても、生活していくうえで大事なお店でありました。そして、小田急線を挟んで両方の丘に住宅地が広がっていました。

ところで、玉川学園創立者の小原先生は浄土真宗の家に生まれ、若き日に一時期、神道の家に養子に行かれましたが、最終的に自ら落ち着かれたのはキリスト教でした。よって玉川学園の教育は、キリスト教の精神を基盤として始められました。玉川学園が創立された翌年には、礼拝堂が建てられましたし、塾生たちの一日は朝の聖山礼拝から始まっていました。後には、幼稚部から大学まで時間割の中に礼拝の時間が設けられました。だからと言って、玉川学園はどこかのキリスト教の教団と結びついた「伝道」のためのミッション・スクールではありませんでした。小原先生は自分の目指す全人教育の根底に、「キリスト教の精神」を据えられただけでした。

玉川学園においては、創立以来、12月に各部で、あるいは全学が一緒になってクリスマス礼拝が執り行われました。そのとき小原先生が説教をされましたが、毎年のことながら「われわれの悩み・苦しみを救ってくださった方が、この世には少なくとも二人居られた。インドに誕生され、仏教の開祖であるお釈迦様と、今日みんなで誕生日をお祝いしようとしているイエス様である」と。ここで取り上げようとする玉川学園住宅地を回る「クリスマス・キャロリング」も、クリスマスのお祝いの一環として行われていました。

玉川学園と玉川学園町との一体感は長い間、新年の集い、夏祭り、大焚き火等々の行事を通して存在していましたが、今でも私の中で一番思い出に残っているのはクリスマス・キャロリングです。それは玉川学園で生活するようになって3年目の暮れ、１９６２年12月25日のことでした。このキャロリングに参加できるのは通常では高等部、大学の塾生であり、私はまだ中学部の３年生でしたのでその資格はなかったのですが、参加を熱望したところ、中学部塾舎監の坂本光先生の計らいで特別に参加させてもらえました。

12月も20日を過ぎると多くの塾生たちは帰省して、24日まで在塾しているのは、キャロリングに参加する塾生だけでした。24日の夕食が済むと、キャロリングの準備を済ませたうえで再び塾食堂に集まり、クリスマスを祝うパーティが催されました。そして25日の零時を15分後に控えたころ、40名前後であったと記憶していますが、静かに礼拝堂下の小原先生宅に向かいました。25日の零時になったのを合図に、塾生のキャロリング隊が静かにクリスマスの讃美歌を歌い始めると、間もなく小原先生ご夫妻が玄関に姿を見せられました（写真①）。小原先生ご夫妻に「クリスマスおめでとうございます！」の挨拶。そしてクリスマスの讃美歌を2、3曲歌った後、三角点側と聖山側の二手に分かれて、キャロリング隊がそれぞれ小田急線を挟んだ玉川学園の丘に広がる住宅地をまわり歩きました。

静かに歩いているときは、冬の夜の寒さが身に沁みました。学園の住宅地にお住まいの玉川学園の教職員の家の前に着くと、大学生の指揮に合わせて「きよしこの夜」、「荒野の果てに」、「主は来ませり」等数曲歌いました。歌が終わって、用意してくださっていた熱い紅茶をいただくこともありました。寒さの中、紅茶が喉を通って胃袋に届くのが感じられました。

写真①　12月25日0時よりキャロリング隊が学園の丘を巡る（小原先生宅の前でのクリスマス・ソングの合唱。右の白髪の老人は小原先生）

クリスマス・キャロリングの圧巻は、小田急線を挟んだ二つの丘から同時に歌い出すクリスマス・ソングの合唱でした。約60年前のことですので、丘の上にはまだまだ民家は少なく、両方の丘からペンライトの灯が確かめ合えました。二つの隊が、それぞれ先生方のお宅を訪ね終わった真夜中の2時過ぎだったように記憶していますが、場所を決めておいて、お互いの隊がペンライトで合図しあい、決められた時刻に、ペンライトの指揮に合わせて、両方の丘から発せられたその歌声が、玉川の丘から丘へと流れていきました。「きよしこの夜、星は光り、すくいの御子は、まぶねの中に、眠りたもう、いとやすく……」。両方の丘から発せられて、丘にこだましながら響くクリスマス・ソングに、歌っている自分たちもうっとり酔いそうでした。その後両方の丘から降りてきて二つの合唱隊は駅前で合流しました。そしてそこで全員でヘンデルの「ハレルヤ」の大合唱がなされました。「ハレルヤ」の歌声が駅前から町全体に流れていきました。

12月25日の零時以降、学園町の住宅街にクリスマス・ソングが流れるということがわかると、それを聴きたい人たちが、学園町の住宅地にお住いの親戚のところに泊まりに来るということも聞いたことがありました。それほどに塾生を中心としたクリスマス・キャロリングは玉川学園と玉川学園町の共有の行事として定着していたのですが、他方、それまでの流れを知らない人々が次々と玉川学園の住宅地に住みつくようになると、「夜中にうるさい！」という声も聞かれ始めました。

やがて迎えたのは、学校玉川学園と玉川学園町との分離でした。玉川学園町の住民が玉川学園の行事に一緒に参加したり、小原先生の話を聴く「丘の会」もありましたが、急速な住民の増加もあって、その役割も変わらざるをえなくなっていきました。そこで「丘の会」の機能の一部を引き継ぐ形で新たな組織が結成されて、「玉川学園町町内会」が誕生することになりました。1964年には、玉川学園の校門の近くにあった「玉川学園前郵便局」も玉川学園住宅地の中に移転しました。玉川学園と玉川学園町の分離の象徴のように私には思われました。

文学部の助手時代、私が玉川塾の舎監を拝命した1975年ごろには、玉川学園住宅地をまわるクリスマス・キャロリングは難しくなり、丘の中腹に建てられた文学部の前の広場から、学園町に向かってクリスマス・ソングを静かに歌ったり、駅前で「ハレルヤ」を歌ったこともありましたが、それも時の流れとともに消滅していってしまいました。

そもそも玉川の丘のクリスマス・キャロリングがどうして始まったのか気になっていたところ、あるとき、「クリスマスの朝」と題して、小原先生が『学園日記』7号（1930年2月）に、玉川学園が開校した1929年の12月25日、クリスマスの朝のことについて、次のように書かれているのを知りました。「前日の働きにグッスリ疲れて、静かな夜の熟睡を食らって居ると、高らかな朗らかな、しかも、美しい四部合唱で私の眠りは破られた。場所はスグ私の家の縁先なのでいよいよ驚きました。歌は讃美歌67番（「よろずのもの、とわにしらす、み父よ、いまめぐみを、くだしたまえ、みなをほむる、われらに」）。ビックリすると同時に、感謝と悦びの涙で満たされたのです。そうだ、今朝はクリスマスの朝だと分かりました」と。

玉川学園住宅地をまわるクリスマス・キャロリングがいつどのようにして始まったのか、私はその詳しい記録をいまだ見つけていませんが、小原先生のこうした体験が塾生たちに話されて、やがて学園の住宅地にお住まいの先生方の家を回ってクリスマス・ソングを歌うようになったのではないかと思っています。

25 「鮎は瀬に住む、……人は情《なさけ》の袖に住む」

――高等部卒業式での小原先生

「花は霧島、煙草は国分、燃えてあがるは桜島」「薩摩西郷ドンは、世界の偉人、他人《ひと》のためなら死ぬと言うた」……これは周知のように、鹿児島県の民謡「小原節」の1、2番の歌詞です。鹿児島県出身の小原先生は、誕生会の余興等で歌を所望されると、よくこの「小原節」を歌われていました。しかも小原先生の「小原節」には、必ず最後に次の歌詞が付け加えられていました。「鮎は瀬に住む、小鳥は枝に、人は情の袖に住む」（書①）と。「人は情の袖に住む」、思えばこれは、小原先生の生き方の根底に深く横たわっていたように思います。

小原先生は、もちろん知性豊かな人間であり、理性的にも厳しい人間でした。しかし、同時に「情」に厚い人間であったことが、教育者としての小原先生の魅力を醸し出していたように思われます。ここでは、私が経験した卒業式における、情厚き小原先生の思い出を紹介してみたいと思います。

それは、私が玉川学園高等部を卒業する年の卒業式（1966（昭和41）年3月）においてのことでした。同級生に宇野準一君という同級生がいましたが、残念ながら、卒業を目前に控えて、交通事故で亡くなってしまいました。卒業式には、お母様が宇野君の遺影を抱いて参列されていました。

それを見つけた小原先生は、卒業生への祝辞の終わりで、参列者にこう呼びかけられました。「ここにみんなと一緒に卒業予定であった宇野君がいない。みんなも知っているように先月、交通事故で亡くなったからだ。よって、文部省の指導では、故人に卒業証書を渡すことはできない。だが、宇野君は卒業に必要な勉学はすでに済ましていた。みんなの賛同が得られれば、この後、僕は卒業証書にサインをしたい！」と。会場から拍手が沸き起こりました。生徒会長だった原田浩君も、「答辞」の中で、天国の宇野君に向かって「宇野君、一緒に卒業しよう！」と呼びかけました。

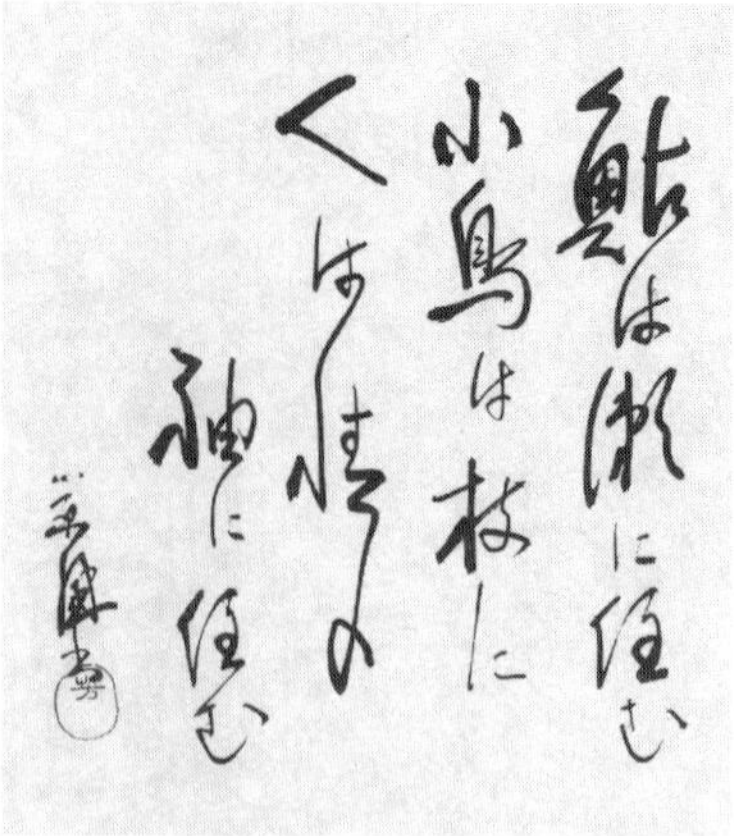

書①「鮎は瀬に住む、小鳥は枝に、人は情の袖に住む」（小原國芳書）

当時小原先生は、学内の幼・小・中・高、および大学の各学部から卒業生名簿が届けられると、2月から3月の初旬にかけて、全員の卒業証書に直筆でサインをされていました。「体力が続く限り、印刷ではなく、直筆でサインをしたい！」と。

高等部の卒業式の後、学内の食堂で謝恩会が開かれました。その年は、その謝恩会の場で、一枚だけ特別に用意された卒業証書に小原先生が筆でサインをされ、それが宇野君のお母様に手渡されました。感動的な場面でした。

教師と生徒との間には、合理的な知性と併せて、非合理的な情の感情もまた必要だと考えられたのが小原先生でした。夏目漱石の『草枕』の冒頭に書かれているように、確かに「情」だけが働いたのなら「流される」ことになりますが、「知」だけでは「角が立つ」ことになりますし、「意」だけが働いても「窮屈」になってしまいます。生徒たちに対しては、もちろん知的な、合理的な対応は基本でしょうが、知的一辺倒ではなく、同時に情を持って生徒や学生に対応されたのが小原先生でした。

26 「天分教育」としての「全人教育」

――小原先生の「全人教育論」の基底にあるもの

　玉川学園中学部、高等部6年間の学びを終えて、1966（昭和41）年4月、私は玉川大学文学部教育学科に入学しました。中学部・高等部時代は、週に1回の「礼拝」の時間を通して小原先生の話を聴いてきましたが、玉川大学に入学すると、まず「一般教育」の時間を利用した前期15回の授業の中で、小原先生から直に全人教育論を聴くことができました。

　そもそも「全人教育論」は、小原先生が成城小学校主事時代の1921（大正10）年8月8日、当時大塚にあった東京高等師範学校（現、筑波大学）の講堂で開催された「八大教育主張講演会」において提唱されたものでした。この「八大教育主張講演会」は8月1日から毎日一人ずつ講演して、その講演内容についての討論会があり、8月8日まで続けられました。最終日の8月8日に登壇された小原先生によって提唱されたのが「全人教育論」だったのです。

「八大教育主張講演会」に際しては、日本各地から真実の教育を求める人たちが大勢やってきて、熱気にあふれた講演会だったということです。席がなかった聴衆は後ろで立ち、会場に入れなかった聴衆は、何とかして講師の姿を一目見ようと、窓に鈴なりの状態だったといいます。

この講演会が終了後、主催者側の大日本教育会は、この講演会のまとめとして『八大教育主張』という本を刊行しました。この速記録を基にして一冊にまとめて、小原先生がイデア書院から刊行されたのが『母のための教育学』でした。この本は後に玉川学園出版部、玉川大学出版部から出版され、長い間、小原先生の「全人教育論」を説明する本となりました。

大学1年次に、私どもが受けた小原先生の講義は、この『母のための教育学』をテキストとして使用されました。それから3年が過ぎ、私が4年生になった1969年8月に、その時点で書き下ろされた部分（前半部）と、1921年8月8日に講演された講演会の速記記録（後半部）が合併されて、玉川大学出版部より『全人教育論』が刊行されました。それ以後はこの本が小原先生の「全人教育論」のテキストになりましたが、それまでは『母のための教育学』がテキストだったのです。

タイトルに「母のための」と付いているため、「お母さん方の」ために執筆された「教育学」の本と思われがちですが、もちろんお母さん方を念頭に置かれたために、「序論」にあたる「前奏曲」には、「子孫崇拝」、「教育者としての母」、「結婚前の教育」、「胎教」についても触れられていますが、「本論」は、「教育理想論」、「真の教育―知育論」、「善の教育―道徳教育論」、「美の教育―芸術教育論」、「聖の教育―宗教教育論」、「健の教育―体育論」、「富の教育」というように、お母さん方にもわかりやすいように執筆された「全人教育論」そのものでした。

この本は、約330頁ありますが、読めばわかるようにやさしく書かれているため、小原先生の授業では、本の1頁から順番よく説明されることはありませんでした。最初の時間にこの本全体の概要について触れられ、次の授業の時間からは、毎週受講生全員が前もって30頁ぐらいを読み、Ｂ５判のレポート用紙の右半分には、読んだ範囲から、自分が興味を持った箇所、感銘を受けた文章を抜き書きし、左半分にはその感想、および質問があればそれを書くように指示を受けました。30頁ずつ読んでいき、11回のレポートを書くと、おのずと一冊の本が読み終わるようになっていました。授業中には、大事なことは説明も加えられましたが、主に学生からの質問に答える形で授業が進められたように記憶しています。

小原先生は、どうすることが本当の教育なのかを問われるとき、我々の目の前にいる「子ども」とはそもそもどういう存在なのかを問うことから始められました。子どもは「心」だけの存在ではなく、「身体」も伴う存在です。身体だけの子どももいなければ、心だけの子どももいません。また、一口に「心」と言っても、心には大きく知・情・意の働きがあることは昔から哲学者たちも主張してきたところです。つまり、例え萌芽の状態であったとしても、子どもにも、知性、感性、理性が備わっています。

知性の働きを育てるのが学問教育であり、感性の働きを育てるのが芸術教育であり、理性の働きを育てるのが道徳教育なのです。しかも小原先生は、知性の働き、感性の働き、理性の働きの限界を超越したところに宗教の世界があると考えられました。「汝の幼き日に、汝の創り主を覚えよ」を旨として、宗教教育も大事な教育とされました。つまり、目の前に存在する子どもは、小原先生によれば、生まれながらにして知性、理性、感性、宗教性の萌芽をすでに持っているゆえに、それを正しく育んでやる教育が必要だったのです。

価値論的に言えば、少し難しくなるのですが、学問教育は「真（理）」を目指し、道徳教育は「善」を目指し、芸術教育は「美」を目指し、宗教教育は「聖」を目指すゆえに、全人教育の心の部分を「真・美・善・聖の教育」とも言われます。しかも、真・美・善・聖は、まさにそれ自身で価値を有するものであるゆえに、小原先生はこの四つを「絶対価値」と呼ばれたのでした。しかし、先ほども見たように、子どもは「心」の世界だけで生きているわけではなく、「身体」を有した存在です。子どもは身体が健康でなければ勉強する気にもなれないわけで、やはり「健康」が基本として重要です。だが健康を保ち、また生活していくためには「富」も大事になってきます。しかも、それらは「健康」でありさえすればいい、「富」がありさえすればいいということではなく、「健康」も「富」も、真・美・善・聖を実現するための手段として役立つときにそれらは価値を持つので、小原先生は、真・美・善・聖の「絶対価値」と区別して、健・富については「手段価値」と呼ばれたのでした。

このように、小原先生は、真・善・美・聖・健・富（写真①）、この六つの価値を有した人間を「全人」と呼ばれたのでした。しかしさらに大切なことは、「全人」と言うからといって、それら六つの価値をただ足し算的に有した人間ではなく、それらをインテグラルした、つまりそれらを統合した「全人」を人間の中に見られたことでした。学問と道徳とが深く結びつくだけでなく、芸術も、宗教も、健康も、富も、すべてが結びつくことを目指されました。ですから、「全人」のことを英語で〝the whole person〟という言葉が使われることもありますが、私は〝the integral person〟（統合人）と呼んだ方が、小原先生の主張に近いのではないかと思っています。

このように小原先生は、全人教育は子どもの目指すべきホントの教育として考えられたのですが、その場合も、全人でない子どもを「全人」に向けて教育するのではなく、目の前の子どもをすでに「全人」として捉えられたわけです。「全人」は子どもにとって目指すべき人間像であると同時に、教師にとっては「子ども観」の表現でもあったわけです。

小原先生にとって「全人教育」は子どもの有する一面だけを伸ばすのではなく、子どもの有するすべての素質や能力を発揮させようとする「天分教育」なのであり、小原先生の言葉を借りれば、「天からそれぞれ分に応じて授かった能力を出来るだけ伸ばしていこうという教育」（『母のための教育学』）だったわけです。

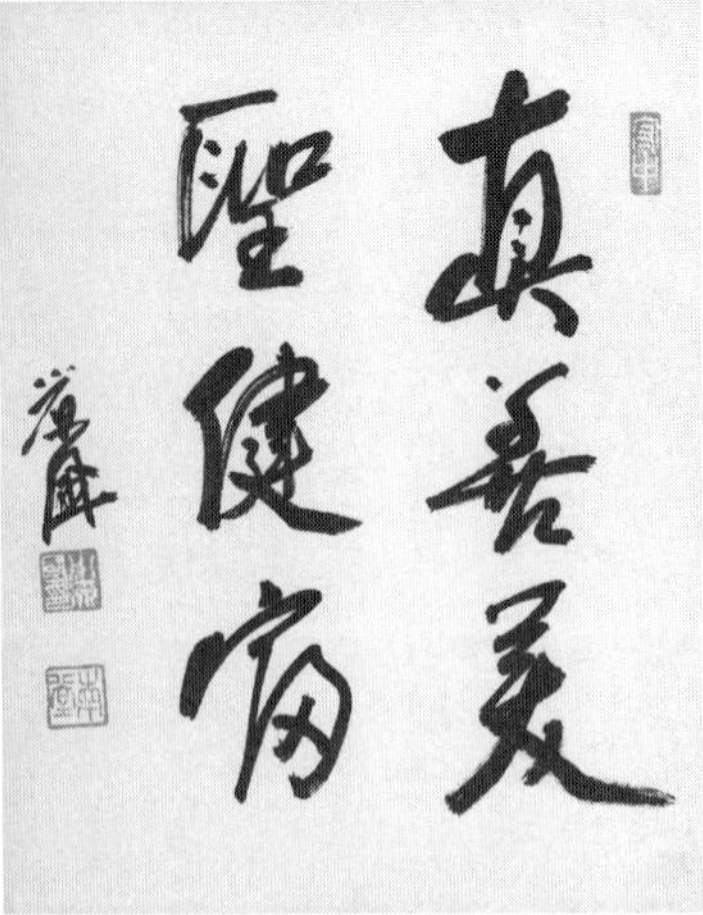

書①　「真・善・美・聖・健・富」（小原國芳書）

小原先生はときどきこのような色紙も書かれました

27 「道徳は自然の理性化だ！」
――小原先生の「道徳教育」の根底にあるもの

小原先生の「全人教育」は、先に見たように、人間文化の一部のみではなく、人間文化のすべてを身に付けさせることでした。すなわち、勉強さえできればそれでよいとか、道徳的でさえあればそれでよい、とかいうことではなく、学問（真）も、道徳（善）も、さらに芸術（美）も、宗教（聖）も、健康（健）も、人間性のすべての面を調和的に発展させようとするものでした。

このことを、小原先生は、子どもたちにはわかりやすいように、例えば小学部の入学式などの祝辞の際は「きれいな心・よい頭・強い体」の子どもになろうと呼びかけられました。その場合も、最初に「よい頭」ではなく、「きれいな心」であったことは注目すべきだと思われます。「きれいな心」がその核となるべきものだったのです。

では、小原先生にとって全人教育の核ともいうべき、道徳教育の根底にあったものは何だったのでしょうか。道徳教育というと、一般には、「ああしてはいけない！」、「こうしてはいけない！」と子どもたちの意欲を拘束、禁止して、「こうあるべきだ！」と行動を規制するものであるかのように考えられがちです。だからこそ子どもたちにとっては、自分の行動が規制されるようで、「道徳」の時間を嫌うことも多いようです。

しかし、小原先生の道徳教育論というのは違っていました。小原先生は、そもそも「人間とは何か」という現実から出発されました。本能も衝動も持って生まれてきているのが人間であり、よって本能や衝動と併せて、人間の持って生まれた意欲というものは人間が生きていくうえで必要だからこそ持って生まれたのであり、道徳教育もそれを肯定するところから出発するべきであると考えられました。

1921（大正10）年8月、「全人教育」提唱の際、小原先生は道徳教育論、つまり「善育論」において、次のように述べておられます。「意欲の貴い意味をもっと認めて欲しいのです」と。そして続けて「意欲といえば罪悪のように思った東洋の人生観は、確かに是正せねばなりませぬ。この点において、「意欲は善である」といったスピノザやら、衝動生活を高調したラッセル……にある共鳴を感じます」と述べ、すべての道徳を「否定」や「拘束」や「禁止」と考える人に対して、反論されたのでした。

もちろん、小原先生は人間の有する「意欲」や「衝動」を、そのまま肯定されたわけではありませんでした。意欲や衝動、本能を頭から否定したり、拘束したりする前に、まずはそれを肯定的に捉え、それを純化することが必要であると考えられたのでした。意欲、衝動、本能は人間が生まれたときに有している自然であり、その自然を人間が有する理性の力によって正しく導くことこそ道徳だとされたのでした。

そのことを小原先生は、「道徳は自然の理性化である」と言われたのです。人間が有する理性は、本来善悪・真偽などを正当に判断する能力なのですが、小原先生によれば人間が生まれたときに天から与えられたものは「出来上がった理性」ではなく、徐々に育っていくものなのです。この点について小原先生は、「子供のあの奔放な、独我的な、衝動生活の中に、実は、やがて理性的自由として発達すべき貴い芽生えが潜んでいるんです」と述べられています。

意欲を拘束され、禁止されて、消極的に大人の言う通りの行動しかしないおとなしい子に育て上げることを、小原先生は嫌われました。「ヤンチャの出来る子供でなかったらトテモ伸びないのです」と「全人教育」提唱の前年（1920年）に出版した『道徳教授革新論』に書かれています。子どもの意欲を拘束、禁止する道徳の教授法から、子どもの意欲をまず肯定するところから始める道徳の教授法、ここにこそ小原先生にとっては、「道徳教授の革新」を高調する理由もあったように思われます。

子どもの有する本能や衝動を一方的に否定するのではなく、子どもの有する本能、衝動を肯定するところから、小原先生の道徳教育は出発するわけです。小原先生は言っています。「性欲があってこそ、人類が繁殖する。学問欲があるが故に勉強する。食欲があるが故に食うて生きられる。名誉欲があるが故に廉恥を重んずる。金銭欲があるが故に額に汗して働く。もし食欲が無くなったら、一週間と経たぬうちに死んで仕舞うのです。お腹が空いて食欲を感じ、ノドがかわいて水を飲むということは実に不可思議な神の妙工であります」と。

小原先生の道徳教育の根底には、人間はさまざまな衝動や欲望と同時に、それを純化し、制御する理性の芽をも同時に持って生まれてきているという考えがあったわけです。あるとき小原先生は、「意欲とか、理性とかを図に書くことは、所詮できないことだが」と前置きしたうえで、黒板に意欲と理性に見立てて、小さな二つの○を書かれました。そして、「意欲も理性も小さくて、表立って何の悪いこともしないからといっても、その人は決して善人だとは思わない」と言われました。続けて、両方の○を大きく書き直して、「大きな意欲があったうえで、しかも、それを強い理性の力によって制御して、正しく生かすことのできる人こそが、善人なのだと思う」と言われたことを思い出します。

小原先生によれば、意欲を持つということは決して悪いことではないどころか、大きな意欲を持つことは望ましいことなのです。「その人間の根本動力である意欲を如何に果たすかと言う道を教えるのが道徳なのです」という言葉には、道徳教育の根底にも正しい人間観、子ども観を持つことがいかに必要なことなのかをしみじみと感じさせられます。

28 通大スクーリング中の小原先生の奮闘
――約1カ月間のオヤジ当番から見えたもの

玉川大学に入学して2年目、1967(昭和42)年の夏期休暇中、私はもっと長期間にわたって身近かで小原先生に接し、お手伝いをさせてもらいたいと考え、小原先生ご夫妻にお願いして、小原先生宅に泊まり込み、約1カ月にわたって「オヤジ当番」をさせてもらいました。

夏期休暇中は文字通り、通学生たちは1学期の授業が終わって休暇になり、旅行やアルバイトをしたり、帰省する者も多かったのですが、この期間、普段は日中働きながら夜や週末にテキストを読み、レポートを書いて添削を受けながら学んでいる通大生(通信教育生)たちにとっては、教授陣からじかに授業を受ける貴重な時間が提供されるわけで、全国から大勢の通大生たちが玉川の丘に登ってきました。

先の大戦終了から2年目の1947年、小原先生は「大学令」の下、日本で59番目の大学として旧制の玉川大学を創設されましたが、その3年後の1950年3月、玉川大学教育学科に通信教育課程を設置されたことは、すでに別の箇所で述べました。「戦争に負けた日本、これから何をもって復興していくか? それは教育以外にないだろう。先生方、まずは自分自身を高めよう！　ともに勉強しよう！」という教育立国、日本教育清浄を願っての出発でした。第一回目の夏期スクーリングは同年の7、8月に実施されました。出席者は368名でした。

私がオヤジ当番としてお手伝いした、1967年の通大夏期スクーリングには、前期、後期あわせて延べ約4000名の出席者がありました。開講式は7月22日に行われました。多くの教育現場の先生方、これから教職を目指そうとする通大生たちに、小原先生は「暑い中、ようこそ玉川の丘に登ってきてくれました！」と心からの歓迎の辞を述べられました。さらに「君らからお師匠と呼ばれ、君らを弟子と呼ぶことのできるこの世の因縁に感謝します」と述べて「お弟子、お師匠論」を展開。最後に「2週間、あるいは4週間して職場に戻ったとき、玉川で勉強してくるとこうも顔が生き生きと輝いてくるものかと驚かれるくらい、本物の勉強をしてほしい。ただ単位を取るためではなく、真理を探究してほしい。僕も先生方と一緒に皆さんの勉強のお手伝いをしたい！」と熱いエールを送られました。

さっそく翌日からは授業が開始されました。通学生の授業の場合とほぼ同じように、9時からが1時限目、10時40分からが2時限目、お昼の昼食の時間を挟んで、13時からが3時限目、14時40分からが4時限目、その後は、科目によっては5時限目が設定されたり、学生会の希望に応じて、クラブ活動も行われたように記憶しています。

小原先生も開講式の翌日から授業を担当されました。9時からの1時限目は「教育原理」、2時限目は「宗教哲学」でした。受講希望者が多かったために、小原先生の授業は体育館に机と椅子を入れ、四方から大きな扇風機を回しての授業でした。現在のようにクーラーも十分にはないころでしたので、90分の授業が終わるころには小原先生の下着は汗でビショビショになりました。もちろん2コマ続きの授業では身体もかなり疲れられましたので、1時限目の授業が済むと健康院に向かわれ、林ドクターから栄養剤の注射を一本打ってもらい、下着を着替えてさらに2時限目の授業へと向かわれました。考えてみればこのとき、1887（明治20）年4月生まれの小原先生は80歳でした。

午前中の授業が終わると、午後には屋外でなされる体育の授業や、クラブ活動の「合唱」など参観されました。ときには、「通大生たちがお土産に欲しいと言ってくれるし、色紙でも書こうか！」と言って、室内で揮毫されるときもありましたが、授業が終わって玉川の丘を散策したり、授業から授業へと教室を移動中の通大生から一緒にカメラに入ってもらうよう頼まれると、快く応じられていました。

スクーリングも一週間を過ぎるころになると、各県の県人会も催され、小原先生にもお呼びがかかりました。学内の塾食堂で行われ、都合がつくときには、できる限り顔を出されました。小原先生からは、通大生は日本の教育清浄化をともに推し進める同志だ、という気持ちが感じられました。

29 「絶対帰依の感情」と「逆境即恩寵」

――小原先生担当の「宗教哲学」での学び

私が在学したころの玉川大学文学部教育学科のカリキュラムには、六つの必修科目が置かれており、それらが教育学研究、全人教育学研究の柱になっていました。現在では改組が行われ「教育学部」と称して実践科目が優位を占めるようになりましたが、当時はあくまでも文学部教育学科、欧米流の言い方をすれば「哲学部教育学科」であり、「哲学概論」、「倫理学概論」、「宗教哲学」が全人教育学の基礎科目（「美学」は選択科目でした）として据えられ、その上に教育を体系的に学ぶ「教育学概論」と、教育を歴史の中で捉える科目として「西洋教育史」と「日本教育史」が必修科目でした。具体的には、1年で「教育学概論」（担当　伏見猛弥教授）、2年で「倫理学概論」（担当　島田四郎教授）と「西洋教育史」（担当　東岸克好教授）、3年では「哲学概論」（担当　清水清教授）と「日本教育史」（担当　小林健三教授）、そして4年目の必修科目として置かれていたのが「宗教哲学」でありました。それを担当されたのが小原國芳先生でした。

小原先生が京都大学（正確に言えば、京都帝国大学文科大学哲学科）を卒業されたときの卒業論文は「宗教による教育の救済」でした。当時の小原先生にとって宗教と教育、この二つの関係には深い結びつきがありました。小原先生は、卒業論文の「序言」において「教育の云為されるや久しい。しかもカナンの地を見出すべくして見出しえない私は、ここに大胆なる独断をもって、教育救済の唯一の途は宗教にあるとする。宗教に帰り来る処に、そこに教育の救済がなければならない」と書かれています。卒業論文の指導担当は、宗教学の波多野精一博士と教育学の小西重直博士でした。論文審査には、もう一人、倫理学の深田康算博士が加わりました。提出された論文の量は、小原先生の言葉によれば、「美濃版で1500枚、5冊綴」であったようですが、現在の原稿用紙（400字詰）に換算しても、600枚以上書かれたものと思われます。そのときの卒論の下書きが今も残っています（写真①）。

写真①　京都帝大に提出された卒業論文の下書き

　京都大学を卒業された後、広島高等師範学校（現、広島大学）の教諭になり、主に付属小学校の理事（教頭格）として初等教育現場の責任者を務められましたが、その時期に、京都大学での卒業論文を東京牛込にあった集成社より『教育の根本問題としての宗教』と改題して出版されました（35字×14行　総頁数500頁）。この本は後に補足改訂を加えて、玉川学園出版部、さらに玉川大学出版部から刊行されました。「小原國芳全集」としてまとめられた際、この本は「小原國芳全集　第1巻」となっています。

小原先生担当の「宗教哲学」の授業では、この本がテキストでした。『教育の根本問題としての宗教』は、第一編が「本質論」、第二編が「関係論」、第三編が「宗教の差異と教育」の全三編からなっています。第一篇の「本質論」は、第一章の「宗教論」と第二章の「教育の内容としての科学、道徳及び芸術と宗教との関係」からなっています。つまり、小原先生において宗教は、科学、道徳、芸術と深い関わりを有するものとして捉えられています。小原先生の「全人教育論」は「宗教を基盤にした全人教育論」とも呼べることを示していると思われます。

この「宗教哲学」の授業が行われていた最中の１９６９（昭和44）年の8月8日、小原先生は、「全人教育論」提唱から48年経ったこの日に、48年前の「全人教育論」の速記録と、新たに書き下ろした原稿を合わせて、『全人教育論』を刊行されました。その本の「宗教教育」の項では「宗教心とは何であるか」に言及して、次のように書かれています。「そもそも、宗教心とは何であるかというと、特殊のものがあるのではなく、人間の精神生活の総量なのです。……学問心も道徳心も、そのほか、一切の心が集って宗教心を渾成しとるのです」と。小原先生にあって「宗教教育は、精神生活の全局を適当に発達させること」であり、「一方面、一部分の啓発ではない」わけです。真の「宗教教育」は「全人教育」を目指すところに成立するものでした。つまり小原先生にあっては、「学問、芸術、道徳、産業、乃至、社会人事一切に深刻な興味を有すると共に、宇宙の絶対者に対して深い敬虔の念を有する人こそ真に完全な宗教家」（『全人教育論』）ということになるわけです。

　話を戻そうと思います。小原先生の卒業論文は、当時下宿されていた「真如堂」の末寺「理正院」の一室（写真②）で仕上げられましたが、卒業論文を仕上げた後、京都帝国大学図書館、同志社大学図書館等へ返却に行かれた書籍の量は、「大八車」一杯になるほどあったそうです。当然のことながら、卒業論文であるこの本には、欧米の哲学者、宗教学者、教育学者の書籍から多くの引用がなされています。

写真②　小原先生が下宿されていた京都、「理正院」の一室

　講義では、「第一篇　本質論」の第一章の「宗教論」（写真③）から始められたように記憶しています。第一章では、「宗教とは何ぞや」、「神とは何か」、「宗教の本質」の箇所を中心に取り上げられました。講義の中で、小原先生が「僕は多くの学者の宗教論を読んだが、ドイツの神学者であったシュライエルマッヘル（Schleiermacher, 1768–1834）の『宗教論』（"Reden über die Religion"）から多くを学んだ」と話されたことが印象に残っています。
　第一章の「第五節　宗教の本質」において、小原先生は「シュライエルマッヘルが宗教の本質を絶対帰依の感に置いたことを想い起さねばならぬ。それは全心情を以て神に帰依することである」（『教育の根本問題としての宗教』）と書かれています。「絶対帰依の感情」こそは、小原先生にとって「宗教の本質」を適格に表している言葉として捉えておられるように感じられました。このときも、綺麗な横文字で黒板に〝Schleiermacher（シュライエルマッヘル）〟、その横に並べて〝schlechthinniges Abhängigkeitsgefühl（絶対帰依の感情）〟と書かれたことを覚えています。

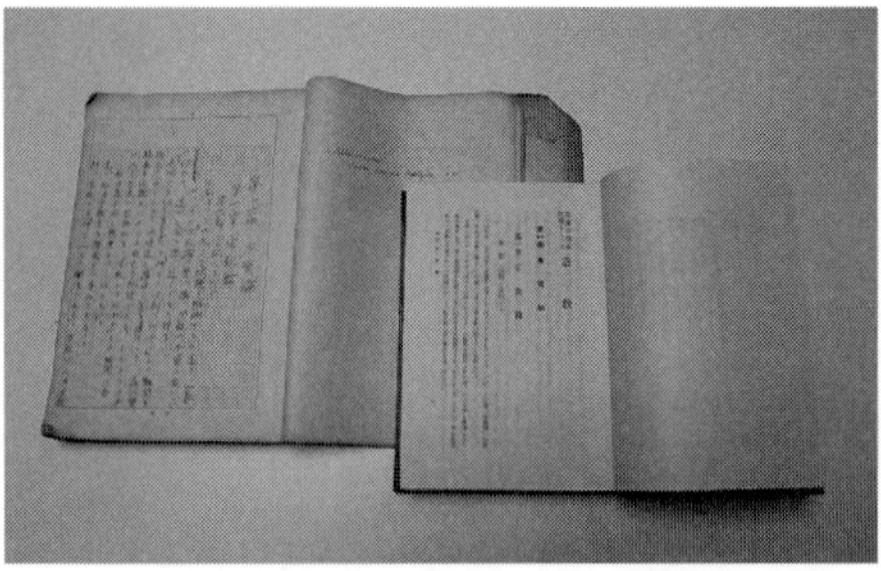

写真③　卒論の下書きと活字になった部分（「第一篇　本質論　第一章　宗教論」）

「絶対帰依」とは、言うまでもなく、絶対者に対して自己を完全にまかすことであり、本源と完全に合一することになりますが、「絶対帰依の感情」ということになれば、自分の力だけで生きているように思っていた人間が、人間を超えた大自然の中で生かされていることに気づき、本源と結びついていることを自覚すること、と理解することができそうです。小原先生も、英語のreligionは、ラテン語のreligare（再び結びつく）から派生した単語であり、「本源と結びつくことが宗教である」と書かれています。

「絶対帰依の感情」という言葉と併せて、小原先生が講義中によく口に出された言葉が「逆境即恩寵」でした。絶対者と結びついて生きていることを自覚する人にとっては、逆境はそのまま逆境としてではなく、恩寵として受け取れるようになるというのです。つまり、大自然の中で生かされ、神仏に見守られていることに気づいた人間は、「神仏は耐えられぬ苦しみをお与えになるはずがない」と信じ、苦しみというものを、神仏から与えられた試練として、前向きに受け取ることが可能になるというわけです。

思えば、小原先生の一生とは、信仰の力によって、養子問題、さらには成城事件〔註1〕といった様々な逆境を恩寵として受け止めて乗り越え、前へ前へと前進された90年であったようにも思われます。小原先生が自分の要求する宗教として、「個人的、社会的要求を肯定し、現実生活を否定せざるもの」、「向上、発展、活動的、積極的なること」ということを挙げられているのは、当然のことだとも思われます。

名前を忘れてしまいましたが、私が若き日に読んだ詩の中に、「私の祈り」という次のような文言がありました。「私は自分の日々が雲ひとつない空のように、晴れわたったものであるようにとは願わない。ただ困難や嵐がやってくるとき、しっかりと立つ勇気を願うだけだ。私は悩みから解放されて何の心配もない、安楽な生活を送りたいとは願わない。ただ自分の十字架をとって、それに忍耐づよく耐える信仰を願うだけだ」と。この詩を読んだとき私は、これは小原先生の「信仰観」をよく表しているなと思ったことを覚えています。

〔註1〕成城事件の内容を一口で説明するのは難しいことですが、表面的に見れば、1933（昭和8）年成城学園を舞台にして、小原派と反小原派の間に起こった対立です。結果的にはこの事件を機に、小原先生はそれまで自分が育てた成城学園を去り、玉川学園の教育に専念されることになりました。

第二部

随行秘書時代に見た小原國芳先生

（1970年〜）

石橋哲成

國芳先生（82歳）（1970）

30 「今は休み時間だから、いいんだ！」

――中学部を訪問された際の一コマ

1970（昭和45）年3月、私は玉川大学文学部教育学科を卒業し、同年4月より玉川学園秘書室に勤務することになり、玉川学園長であり、玉川大学長であった小原國芳先生の随行秘書になりました。随行秘書になって1カ月ぐらい過ぎたころだったと思いますが、ある日小原先生は、当時玉川学園中学部長だった岡田陽先生を訪ね、中学部の応接室でいろいろなことを相談されました。私も傍に坐ってお手伝いしていました。

お二人が話し出されて10分ほどするとチャイムが鳴り、授業も終わって、応接室に接した廊下も中学生たちの元気な声が響きわたりました。お二人の対話も聞き取りにくくなり、ときおり、小原先生は耳の後ろに掌《てのひら》を当て、岡田部長の声をきちんと聴こうと努力されながらも、二度、三度と尋ね直されていました。お二人の対話の傍にいた私も、廊下のうるさいのが気になって、何度か廊下の方へ目を向けつつ、〈廊下へ出て行って、もう少し静かにするように注意すべきだろうか？〉〈いや、そのように指示されたわけでもないし、余計なことはしない方がいいのかな？〉などと、しばらくは自問自答しながら座っていました。でも、〈気づいたのなら、指示されなくても、どうして注意しに行かないのか！〉という内なる声もして、私はスーッと立ち上がりました。そのとき、小原先生の口から出た言葉が、タイトルに掲げた「今は休み時間だから、いいんだ！」という言葉でした。私をとがめるのではなく、ゆったりと落ち着いた先生の言葉が、今も耳に残っています。

小原先生が私の心の内を読まれたことにも驚きましたが、それ以上に、中学生の立場に立った先生の配慮に感服させられました。授業中にうるさいのであれば、厳しく注意されるに違いありませんが、授業が終わって解放されたときのさわがしさゆえに、それを戒めるどころか、認めておられたのです。けじめを大事にされ、中学生のヤンチャぶりを喜ばれた小原先生。厳しくも慈悲に満ちた先生の一面を見せられた思いでした。

玉川学園初期の先輩、諸星洪氏が小原國芳先生のことを書かれた『玉川のおやじ――弟子の見たる小原先生』という本があります。その中に、「二つを一つに」という項目があります。そこには、「肥桶も担がせたが、ピアノも弾かせた」、「背広も着せたが、労作服も着せた」、「もっとも男女を近づけたが、もっとも男女間の純潔をたもたせもした」、「高遠な理想家だが、着実な実行家でもあった」、「反対のものを一つにする名人――小原先生」と書かれています。「他人様の大事な子どもをお預かりしているんだ」という責任感から、厳しく叱られることも度々ありましたが、底抜けの解放を認められたのも小原先生でした。ここにまた、生徒や学生たちが先生を慕う大きな理由があったような気がします。

ところで、これは最近のことですが、日本の新教育の開拓者の一人、野口援太郎先生のことを調べているうちに、『現代教育に生きる野口援太郎』という本に出会いました。その本の最初の部分に、数名の教育関係者が野口先生について書いていますが、その中に「野口援太郎先生に感謝する」という小原先生の一文も載っています。野口先生は１８６８年（明治元）年のお生まれですので、１８８７年生まれの小原先生より19歳年上なわけですが、お二人は１９１９（大正8）年という同じ年に、時の教育界の大御所、澤柳政太郎博士に呼ばれて上京。野口先生は、姫路師範学校の校長から帝国教育会専務（主席）理事に、小原先生は、広島高等師範学校付属小学校理事（教頭格）から成城小学校主事になられていました。

さて、小原先生は野口先生について次のように書かれています。「（野口）先生にははじめて、お目にかかったのは成城入りしてからです。先生が帝国教育会長澤柳政太郎先生の下で、主席理事としてお働きになるようになってからです。……不肖私は、中隊長として「主事」を命ぜられて、二代目主事として、広島から東上。それからは、野口先生とも時々お目にかかれたものでした。年に二、三度は学校にも来てくださいました。いつやら、澤柳先生の外遊中の卒業式に来て下さいました。ヤンチャの子供たち、中々静まらぬのです。つい、野口先生の手前、少し私が注意しましたら、先生はすぐ、子供たちに、「いや、宜しい、宜しい！」といって、私の制止をとめて、子供たちの元気よさをむしろ賞《ほ》めてくださったことは、その後、何十年、いつもみなが大勢集まった時の私の腹構えの度胸の基準になって居ります」と。

この一文を読み、小原先生にも、かつて私と似たような経験があったことを知り安心するとともに、だからこそ、先生は私の心の内を読まれたのだし、野口先生のような大教育者との関わりの中で、教師のあり方を学んでいかれたのだと再認識したのでした。

31 「子どもは遊ばないと馬鹿になる」
――小原先生の幼児教育論の根底にあるもの

玉川学園のキャンパスの真ん中、礼拝堂のたもとに小原先生の家はありました。私が小原先生の随行秘書をしていたころも、授業をされたり、礼拝の説教をされたり、原稿を書かれたり、書を揮毫されたり、客に会われたりと忙しい毎日でしたが、ときおり、学内を回り、園児、児童、生徒、大学生たちが元気に教育活動に励んでいる姿を楽しまれました。ある日、校門の池のほとりにあった幼稚部を訪ねられました。園庭では子どもたちが元気に遊んでいました。その様子を邪魔しないようにソッと眺めては、微笑んでおられました。

さて、この幼稚部の部長室には、小原先生が自ら揮毫された「子供は遊戯をしないと馬鹿になる」（写真①）という言葉が飾られていました。ここで言う「遊戯」とは、「お遊戯」というような踊りではなく、「遊び」そのものを意味しています。ですから「子どもは遊ばないと馬鹿になる」と言い換えていいと思います。しかも、小原先生は、特に自然の中での遊びを大切にされていました。

世界で最初に「幼稚園」を創ったのは、フレーベル（Friedrich A. Fröbel, 1782-1852）という人であり、１８４0年、ドイツのチューリンゲンの森の中にあるブランケンブルクという村においてでありましたが、小原先生はこの人物の幼児教育思想に共鳴されていました。フレーベルもまた、子どもの遊びを保育の中心として考えた人だったからです。子どもにとって遊びとは、大人が考えるような単なる楽しみごとや時間つぶしではなく、全身全霊をささげた全我活動であり、子どもの有する知性も、感性も、理性も、また健康だってそこから育っていくものなのです。

フレーベルは１８２6年に刊行した主著『人の教育』（〝Die Menschenerziehung〟）において次のように言っています。「遊ぶこと、または遊びは、この時期における人間の発達、すなわち子どもの生活の最高の段階である」と。なぜかと言えば、「遊び（Spiel）とは……子どもが自己の内面を自ら自由に表現したもの、自己の内面的本質の必要と要求とに応じて、内面を外に現したものだからである」としています。さらにフレーベルはこうも言っています、「遊びはこの時期における子どもの最も純粋な精

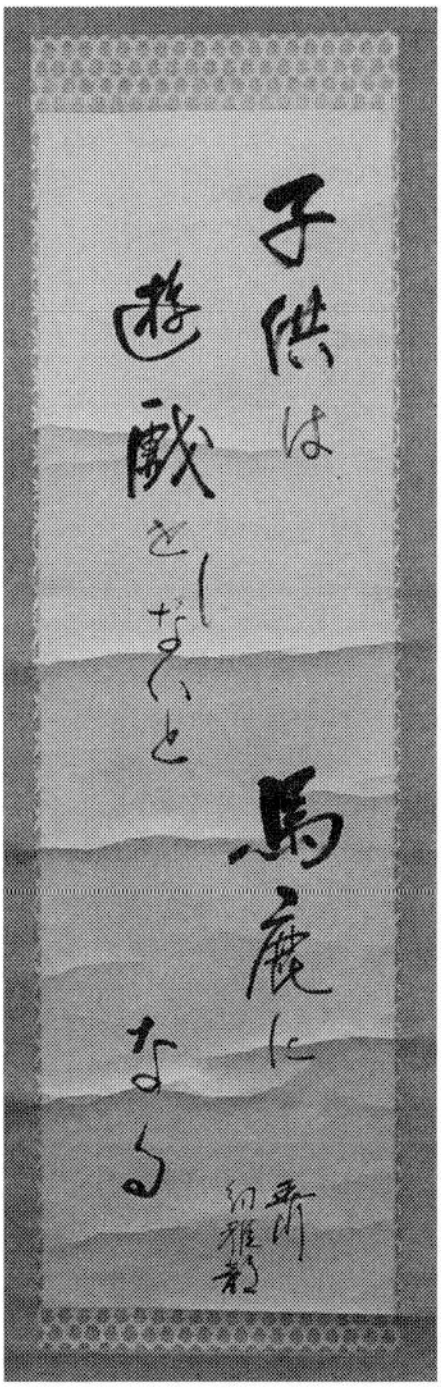

写真① 玉川学園幼稚部の部長室にかけられていた掛け軸（小原國芳書）

神的生産であり、また同時に、人間生活全体の模範ともいうべきものである」と。このように考えたフレーベルは、それゆえに「遊びはそれ自身において喜びであり、自由であり、満足であり、また平静であり、さらにまた、外界との平和であり、人にもまたこれらの感じを与えるものである」と結論しています。

小原先生は１９２９（昭和４）年、玉川学園創立の忙しいときでしたが、清水清氏（後の玉川大学教授）の協力を得て、このフレーベルの『人の教育』（"Die Menschenerziehung"）を日本で初めて全訳して刊行されました。玉川学園幼稚部の入り口には、現在も、松田芳雄氏が制作したフレーベル像（写真②）が据えられています。

写真②　玉川学園幼稚部の入り口に据えられているフレーベル像（松田芳雄制作）

実は、このフレーベル像については隠れたエピソードがあります。いつのことだったか年号は忘れましたが、玉川大学を会場として「日本保育学会」の大会が行われることになりました。玉川大学側の実行委員会のトップは日名子太郎教授でした。

日名子教授がその前の年に小原先生を訪ねて「来年度の保育学会の大会会場を玉川大学にお願いしたい、という依頼が来ていますが。……」と相談に行かれると、「それはありがたいことだ。ぜひ引き受けようや。ところで、保育と言えば、フレーベルだろう。フレーベルの主著『人の教育』の訳者がここにいるのに、玉川の丘にフレーベルの銅像がないとは問題だね」と語られ、玉川大学が日本保育学会の大会を引き受ける機会に、フレーベルの像を建立する提案をされました。

小原先生はさっそく玉川大学教育学科の卒業生で、朝倉文雄門下の松田芳雄氏を呼ばれ、玉川大学で日本保育学会の大会が翌年行われることを話されると、大会に間に合うようにフレーベル像の制作を依頼されました。少々日数的に問題がありましたが、松田氏は恩師からの依頼であり、引き受けられて制作に励まれました。子ども二人に本を読み聞かせているフレーベル像ができあがり、幼稚部の庭に据え付けられたのは、日本保育学会大会が始まる第一日目の朝のことでした。

32 「便り（頼り）のある人たれ！」
――講演旅行のお伴の必需品は礼状用の絵葉書

小原先生には、毎日多くの手紙や葉書が届きましたが、礼拝説教や授業の合間、またどこかへ出かけられる場合でも時間があると丁寧に手紙や葉書の全部に目を通し、返事を書かれていました。住所や宛名まで自分で書かれていると大変なので、葉書の場合は、秘書室の係の者が玉川大学出版部で売っている絵葉書（多くの場合、玉川の風景写真の写った絵葉書でした）に住所と宛名を書いて、小原先生宛に来た葉書とセットにしてゴム輪でくくっておくと、時間のあるとき、葉書に目を通してそれに適した返事を短く書かれていました。

「すぐに返事を出せば、葉書で書いても喜ばれるが、遅れればお詫びも必要になり、手紙だけでは済まない場合も出てくる！」、こういう考えが小原先生にはあったように思われます。今でこそ電子メールがあり、スマホからすぐ出せますが、昔は葉書や封書が人と人の心を結ぶ重要なものであったわけで、できるだけ早く返事を出すように心がけられていました。小原先生には「便りのある人」は「頼りがいのある人」という考えがあり、「便り（頼り）のある人たれ！」とよく言われていました。ここでは、私が体験した講演旅行中の小原先生の礼状書きについて思い出すままに書いてみたいと思います。

　私が随行秘書として最初に地方講演にお伴したのは、１９７０（昭和45）年6月の富山県行きが最初でした。講演旅行にお伴するとき、随行秘書にはいくつか持っていくものがありました。講演の後、お疲れ様会を兼ねた宴会が開かれると、その席で、小原先生はお世話になった幹事さん方へお礼の気持ちを込めて色紙を書かれることが多くあったため、硯《すずり》、墨、筆、判子、20枚ほどの色紙を持参しました。他にも50枚ほどの玉川の絵葉書を持っていきました。これはお土産として差し上げるためというより、お世話になった方々への礼状に使うためでした。

「礼状もできるだけ早く出すように！」、「間延びしないように！」というのが、小原先生からよく言われたことでした。講演先で小原先生はたくさんの人に会われ、名刺をもらったり、お土産をもらわれたりしました。特にお土産をもらわれた場合は、そこにくださった名前が書いてあるわけではありませんので、秘書としてお伴した私どもがお土産を預かった際、名刺をいただけた場合はその名刺の裏にお土産の品の名前を書いたり、名刺がない場合は、こちらが持っているメモ帳に住所と名前を書いてもらったりしました。そして、その夜、宿の小原先生の部屋で「ご苦労！　もういいよ。おやすみ！」と小原先生に言われて、自分の部屋に戻ると、記憶がまだハッキリしているうちに、名刺やお土産物等の整理をしました。

　名刺だけいただいた場合は、玉川の絵葉書の宛名の部分に、名刺にある住所、氏名を書き、切手を貼る部分に、「教育長」とか「ご父兄」とメモし、お土産をいただいた場合は、その土産物の名称を、例えば「鯛の味噌漬」とか鉛筆で記しました。絵葉書に礼状の宛名書きが終わって、随行秘書としてのその日の務めが終わり、眠りに就くことができました。

　宛名書きが終わった葉書は、翌日の帰りの列車で小原先生にお渡しすると、時間を見て、そこに小原先生自身が一言お礼を書かれていました。「お世話になりました。教育長としての健闘を祈ります。玉川　國」とか、「お世話になりました。鯛の味噌漬けのお土産、有難うございました。玉川　國」とか、相手によって違った文言になっていました。玉川に戻り、小原先生が書かれた礼状の葉書を受け取り、文言が宛名の人物に合うように書かれていることを確認すると、メモした場所に切手を貼って投函しました。そこまでが、お伴をしたものの最低限の務めでした。

　それにしても、よく手紙や葉書を書かれた小原先生でした。「何か相手にお願いしたいときだけ、手紙を出してもダメだよ！　普段から書いていないと」。そんなことも小原先生から聞いたような気がします。

33 「長いことお世話かけたな！」
——最後まで重い荷を背負って生きられた小原先生

１９７０（昭和45）年7月11日の昼下がりのことでした。当日、昼食を済ませた後、私は小原先生宅の居間で仕事をしていました。小原先生の奥様も、お手伝いさんも出かけて留守であり、そこにいたのは小原先生と私だけでした。そのとき電話のベルが鳴りました。

受話器を取ると、当時京都大学教育学部長をされていた鯵坂二夫先生からでした。「京都大学の鯵坂先生からお電話です！」と言って、私は受話器を小原先生に手渡しました。しばらく二人の軽快な会話が続きました。と急に小原先生の声が涙声となり、「そうか、長いことお世話かけたな！」と言われました。私は、何かただ事ではないことが起こっている気配を感じ、自分はそこにいない方がいいと思い、用事ができた素振りをして部屋を出ました。この話をさらに進める前に、私は、小原先生と鯵坂二夫先生のご関係について、少し述べておきたいと思います。

鯵坂二夫先生は、小原國芳先生の長兄屋隆氏の次男坊。旧姓は小原です。小原二夫は小さいときから國芳先生に可愛がられ、旧制の成城高等学校が認可されると、小原國芳校長のもと、第一回生として学ばれました。鯵坂二夫先生にとって、小原國芳先生は叔父であり、また恩師でもありました。否、さらに言えば、実は義父でもあったのです。

小原國芳先生が鹿児島縣師範学校3年生のとき、加世田の鯵坂家から養子の要望がありました。両親はすでになく、戦地にいる長兄屋隆氏からは、「國、養子は嫌だろうけれど、お前が鯵坂家に養子に行ってくれれば、兄弟七人の面倒を見てくれると言ってきている。自分は今戦地にいて、弟や妹のことが心配でならない。嫌だろうけど行ってくれないか！」と度々手紙が届きました。國芳先生にとって長兄の屋隆氏には小さいときからお世話になっていますし、特に、國芳先生が電信局を辞めて、鹿児島師範に進学された際には「借金の日延べはできても、教育の日延べはできない」と言って援助を惜しまれなかった長兄でした。正直なところ養子に行くのは嫌でありましたが、幸いにも鯵坂家には老夫婦がいるだけであり、養子と結婚は別問題と言うことでありましたので、青年國芳は養子に行くことを決めたのでした。

ところが、鯵坂家に養子に行くと、結婚は別と言われていたのに、親戚の井上家から秋代さんを養女としてもらい、國芳先生はその秋代さんと結婚するべく用意されていたのでした。今の世であれば、「話が違う！」と言って鯵坂家を出てくることもできたでしょうが、世は明治時代であり、親が子どもの結婚を決めるような世であったため、國芳先生はこれも運命として諦めざるをえなかったようです。だが愛なき結婚に耐えられず、國芳先生は鯵坂家から上級の学校に進学する許しを得て、逃げるように広島高等師範学校に進学。その後、香川縣師範学校での教師生活に入られました。そこで、鯵坂の両親は秋代さんを連れて高松へ行き、ここで小原先生は秋代さんとの生活を始められました。その結果、愛なき仲にも子どもが授かりました。

お産のために秋代さんが鹿児島に里帰りされると、小原先生は一人になったのを機会に、さらに学問への欲求抑えがたく、1915（大正4）年9月、京都帝国大学へと進学されたのでした。間もなく鹿児島で女の子が生まれました。「アイ（愛）」と名付けられました。写真も送られてきました。國芳先生にとって、アイさんは可愛くて仕方なかったようです。しかし、京都帝国大学の3年間は勉学に専念させてほしいと、またしても鯵坂の両親に頼まれたのでした。

國芳先生は京都帝国大学を卒業されると、1918年9月、母校広島高等師範学校教諭並びに同附属小学校の理事（教頭格）として働かれるようになりました。すると、鯵坂の両親は「もうこれだけ学んだのだから、これからは動きまわることもあるまいし、家族と一緒に住めるだろう」と、広島へ秋代さんとアイちゃんを連れてこられたのでした。國芳先生はもう観念するしかなく、一緒に住むことを決心されたのでした。だが、これから毎日三人だけで生活することを思うと息苦しく、苦肉の策として、國芳先生は鹿児島で学んでいた甥の小原二夫少年を、広島高等師範学校附属小学校で学ぶよう招かれたのでした。

このとき、二夫少年は小学5年生。アイさんも幼稚園に行く年頃になっていました。二人は従兄妹同士でありましたが、本当の兄妹のように仲が良かったそうです。だが、小原先生と秋代さんの夫婦仲は相変わらず冷たかったたし、家庭は暗かったようです。「叔父さん、こんなに暗い家庭で育ったのではアイちゃんが可哀そうだよ！」と、二夫少年は國芳先生に訴えたといいます。もともと愛なき夫婦であったし、急に愛し合うことなんかできるわけもありませんでした。「愛なき結婚は罪悪だ」というリップスの言葉に共鳴し、國芳先生は悩みに悩んだ末、離婚を決意されたのでした。

その後、1919年12月、小原先生は澤柳政太郎博士の招聘により、（その2年前に創立された）成城小学校の2代目主事として上京されました。その2年後の1921（大正10）年8月10日には、成城小学校での教育実践と自らの思索の成果として、「八大教育主張講演会」において「全人教育」を主張。その翌年の1922年4月には、成城小学校の上級学校として、「成城第二中学校」を開設されたのでした。

翌1923年9月に起きたのが「関東大震災」でした。これを機に、小原先生は、澤柳校長の許しを得て、成城小学校と成城第二中学校を当時の東京府下北多摩郡砧村（現、世田谷区成城町）へと移転されたのでした。そしてさらに、成城第二中学校を基盤として、1924年4月には、旧制の7年制「成城高等学校」を創設されたのです。

広島で國芳先生と別れた二夫少年も鹿児島の中学校を卒業する年齢になっていました。國芳校長は甥の小原二夫にも成城高等学校入学を勧め、ここに二人は、叔父・甥の関係に、さらに師弟関係も加わったのでした。それから1年後、小原先生は成城学園に旧制の「成城高等女学校」を増設され、鹿児島の加世田で高等女学校に通う娘のアイさんに対しても、成城高等女学校に編入することを勧められたのでした。

晩年の小原國芳先生と、鯵坂二夫・アイ夫妻（京都にて）

國芳先生としては、父親としてのせめてもの罪滅ぼしの気持ちがあったに違いありません。

広島で生活していたときは、二夫少年が小学校5年生、アイさんが幼稚園に行く年頃でありましたが、今や成城では、二人は、それぞれ旧制成城高等学校の生徒と成城高等女学校の生徒になっていいました。広島時代には兄妹のように生活していた二夫少年とアイさんでありましたが、いつしかお互いに惹かれあう関係になっていったのです。１９２９年3月成城高等学校を卒業した小原二夫は、叔父國芳先生が卒業した京都帝国大学に進学。鰺坂アイさんも、父國芳先生に見守られながら成城高等女学校の生活を送り、女学校を卒業した後は、鹿児島の母親のもとに戻っていました。

京都帝国大学を卒業した小原二夫は、最初浜松師範学校へ奉職しましたが、その後鹿児島大学教授として郷里へ戻っていきました。鰺坂アイさんとの愛も深まり、やがて二人は結婚。叔父の國芳先生が出てきた鰺坂家に、小原二夫が養子に入って「鰺坂二夫」を名乗ることになったのでした。そしてその後、鰺坂二夫先生はアイさんだけではなく、母親の秋代さんとも同居され、鹿児島大学教授時代は加世田に、その後京都大学教授になられると京都市左京区下鴨に住み、妻のアイさんと一緒に最後まで秋代さんの面倒を見られたのでした。

秋代さんが亡くなられたのは、１９７０年7月11日。ちょうど私が小原先生宅の居間で電話を受けた日でありました。鰺坂二夫先生から小原先生への電話は、まさに秋代さんの逝去を知らせる電話だったのです。「そうか、長いことお世話かけたな！」と涙声で言われた小原先生の言葉が今も忘れられません。小原先生にとって、秋代さんとの離婚後のことは「知らぬ、存ぜず」ではなく、最後まで重い荷物を背負われていたのでした。

34 「ほら、見てみい！　日の出が綺麗だよ！」

——普代の国民宿舎から見た太平洋の日の出

通大の夏期スクーリングも終わって通大生たちが地方へ帰っていくと、小原先生は、通信教育部事務局をはじめ、スクーリングでお世話になった部処に直接出向いて、職員たちに慰労の言葉をかけられました。通大生たちがお世話になったのに、まるで自分の子どもたちがお世話になったかのように感謝されていました。小原先生が先頭に立って授業を担当されていたことを知っている職員たちは、ただただ恐縮するばかりでした。

一週間ほど玉川の丘は一斉休暇に入り、静かな時間が流れましたが、9月になると、小学部や中学部、高等部の授業が始まり、少し遅れて大学の授業も始まって、また賑わいを取り戻していきました。小原先生もまた、各部の礼拝説教や大学の授業を始められました。そのような日々の中でも、地方からの講演の依頼が入るとできる限り出かけられました。小原先生は玉川学園の教育に当たると同時に、日本全体の教育の清浄化を望まれていたからでした。

１９７０（昭和45）年の9月も半ばを過ぎた26日、小原先生の講演のお伴で岩手県の三陸海岸にある普代に出かけました。盛岡まで列車で行き、そこから東へ太平洋の方向に車で走りました。

すごい田舎道を覚悟していたのですが、岩手国体を控えていたおかげで、道幅も広くなり、道路は舗装もなされて緑の木々の間を気持ちの良いドライブが続いたように記憶しています。

盛岡から車で3時間ほど走ったころ、このあたりではやや大きい町に着きました。久慈という名の町でした。ここ久慈の町では、国体の種目では柔道が行われるということでした。なんとここは柔道の神様、三船久蔵翁の生誕の地なのでした。小原先生は「久慈《くじ》は、僕の生まれた鹿児島県の久志《くし》と、語源的には同じらしいよ！」と漏らされましたが、詳しいことは聴きそびれてしまいました。

そこからさらに南下して車で3時間も行ったでしょうか、普代村に着きました。その夜の宿舎は、さらに4キロほど行ったところの国民宿舎（「黒崎荘」）でした。講演は翌日に予定されていましたので、宿舎に着くと部屋で一休みされ、夕方、小原先生の歓迎会が開かれました。村長さんをはじめ、教育長さん、村の学校の校長先生や先生方がたくさん、その中には夏期スクーリングの授業に来ていた通大生たちもいました。何年か前に玉川での夏期スクーリング中に知り合って結婚し、ちょうど妊娠中の人もいました。「小原先生の話をお腹の子どもにも聞かせたいと思って来ました」と言われていたことが、今も思い出されます。玉川の通信教育で学んだ先生が司会をされたためか、歌を織り交ぜながら、小原先生の話を聴き、三陸の海の幸に舌鼓を打ちながら、楽しい時が流れました。

この日は盛岡まで列車に乗り、その後も長い時間車に揺られてここまで来ましたので、小原先生も大分お疲れのようでした。小原先生の部屋に戻ると「ご苦労な！　疲れただろう。今夜は石橋もゆっくり休んだらいい！」と言っていただき、翌日の打ち合わせを済ませたところで、私は自分の部屋に戻りました。記憶の十分あるうちに、いつものように歓迎会でいただだいた名刺の整理をし、持参した玉川の絵ハガキに住所と宛名を書いて、礼状の準備をしたところで床に入りました。この夜の私の部屋は、小原先生の部屋とは襖だけで仕切られた隣の部屋でした。

翌朝、「石橋！」という小原先生の声で目が覚めました。てっきり寝坊したと思って、「寝坊してすみません！」と応え、すぐ襖を開けて小原先生に詫びを入れました。すると小原先生は、「いやいや、未だ予定の起床の時刻ではないよ。驚かしてすまなかった！　僕は早く目が覚めたのだ。ほら、見てみい！　日の出が綺麗だよ！」と言われました。小原先生が指さされる窓の外を見ると、まさに太平洋の彼方の水平線から太陽が昇り始めたところでした。

この国民宿舎は断崖に作られたもので、窓の外には太平洋が広がっていたのでした。遮るものは何もなく、日の出とともに海は真っ赤に映えていました。「あまりに綺麗だったので、一人で見るのが勿体《もったい》なくてナ……」小原先生は申し訳なさそうに言われました。あまりにも日の出が綺麗なので一人で見るのがもったいなくて、私までも起こしてくださったのでした。そのお心を私は、涙が出るほど嬉しかったのを覚えています。大きい真っ赤な太陽の全体が水平線を昇り終わるまで、私は小原先生と一緒に日の出を静かに見ていました。今でも、海から昇ってくる日の出を見ると、普代の国民宿舎の一室から小原先生と一緒に見た日の出を思い出します。

35 「一病は長寿の基」
――病気で長欠の児童・生徒へ送られた色紙

1970（昭和45）年の秋のある日の昼下がり、珍しく授業もなく、お客もなくて、小原先生にとっては、久しぶりにゆったりした時が流れていました。「石橋！　色紙でも書こうか！」とおっしゃり、硯や墨や筆の準備ができたところで、客間で色紙の揮毫が始まりました。「全人」、「反対の合一」、「真善美聖」、「慧眼見真《えげんけんしん》」、「啐啄同時《そったくどうじ》」、「玉川っ子」等々、小原先生は思いつくままに次々と揮毫していかれました。ある程度色紙の揮毫を進められたとき、私に小・中・高等部の部長先生に、現在病気で長期欠席の児童や生徒がいないかを尋ねるように指示されました。間もなくして、数名の児童・生徒の名前が挙がってきました。

「病気で長期欠席していると、勉強の遅れも気になるし、ゆっくり治療に専念できない子もいることだろう。しかし焦らずに療養に励んでほしい。どうだ、色紙のプレゼントでも送ろうか！」と言って、揮毫された文言が「一病は長寿の基」（書①）でした。

「病気になるのは誰だって嫌なものだよ。でも、一つ病気があると、その人間は気を付けて生活するから、かえって長生きできる。病気知らずの人は、自分は健康だ、丈夫だからと無理をしすぎて、命を落としてしまうことだってあるよ！」と。その日は次第に小原先生の健康談義になっていきました。後日私は、小原先生がおっしゃった言葉と併せて、色紙を小・中・高等部に届けたことでした。

小原先生ご自身は、90歳まで生きられ、長寿を全うされましたが、若いときからいつも健康であったかというと、決してそうではありませんでした。だからこそ、自分の教育論の中では健康教育を強調し、ニルス・ブックのデンマーク体操一行も招聘されたのでした。

周知のように、小原先生は、幼年時代に父親が金山事業に失敗したため、貧しい生活を強いられました。高等小学校卒業後は旧制中学校に進学したかったのですが、家が貧しかったゆえに進学を諦め、鹿児島の電気信通信学校で学び、その後は大隅半島の突端の大浜電信局に勤務されました。時は日露戦争の時代であり、その仕事は激務で胸を患い、小原先生はその後に進学できた鹿児島縣師範学校（現、鹿児島大学教育学部）や広島高等師範学校（現、広島大学）においても、存分に学問に集中できませんでした。だからこそ、健康には人一倍気を付けられたのでした。

勉強も決して怠けられたわけではありませんでしたが、小原先生にとって、長生きするには健康こそがその基本でありました。「点数より身体だ。健康だ。長生きするんだ！」といつも心に思っておられました。このような苦い経験から小原先生は、学問をするにしても、生きていくにしても、「健康」こそが基本であることを実感されたのでした。

１９２１（大正10）年8月、成城小学校の主事時代に「全人教育」を提唱して、教育の内容には、学問における「真」・道徳における「善」・芸術における「美」・宗教における「聖」という四つの絶対価値と同時に、手段価値として、生活の「富」と併せて身体の「健康」を重要視されたその背景には、このような小原先生自身の体験から来るものがあったのです。

以上からわかるように、小原先生の目指される「体育」は、ある種のスポーツにおいてメダルや記録を目指す以前に、まずは、①強靱なる体力、②長い生命、③調和せる身体、そしてさらに、④巧緻性を目指すことにありました。このように、小原先生は基礎体操を基盤に置いたうえでのスポーツでありました。このような考えを持っておられた小原先生が、①基本体操、②整美体操、③巧緻体操を重んじるニルス・ブックが考案したデンマーク体操に魅せられたことは、蓋《けだ》し当然のことであったと思われます。

書①　「一病は長命の基」（小原國芳書）

36 小原先生のお伴で佐世保へ
——川棚で恩師朝永三十郎先生の生誕地を訪問

1970（昭和45）年12月、小原先生のお伴で、長崎県の佐世保へ出かけました。佐世保の駅に着くと、現地の教育界の先生方、教育学科卒業生の佐藤駿三先生、通大の卒業生等たくさんの出迎えを受けました。

通大の卒業生たちが中心となって、玉川大学出版部の本を現地で販売し、出版部から受け取ったリベートをみなで寄せ集めて新たに出版部の書籍を買い求め、市立図書館に「玉川文庫」を設置していました。その除幕を小原先生にやってほしいという依頼があると、小原先生は通大生たちの行動に感心され、当初行く予定ではなかったのですが、佐世保駅から市立図書館に直行されました。「君たちは、いいことをしてくれているな。ありがとう！」と通大生たちにお礼を申されて、新たに本棚を購入する際の足しにしてほしいと金一封を贈られました。通大生たちは、小原先生が市立図書館に足を運んで「玉川文庫」の除幕をしてくださったばかりでなく、金一封まで贈られたことに感激していました。

佐世保での宿は、老舗の日本旅館でした。小原先生が通された部屋は、昭和天皇・皇后陛下が宿泊されたという趣のある部屋であり、さすがの小原先生も恐縮されていました。特急とはいえ、長い汽車の旅の後であり、小原先生も疲れられていました。小原先生は、部屋付きの女給さんに「キリンレモン」がないか尋ねられました。私は喉が渇かれたのかと思いましたが、小原先生は「キリンレモン」があることがわかると、一緒に生卵の黄身の部分のみ、つまり卵黄をコップに入れた状態で欲しいと所望されました。どうされるのかと見ていたところ、卵黄の入ったコップにキリンレモンを注いでかき回し、一気に飲まれたのです。そして「おかげで元気になったよ！これが僕の栄養剤さ！」と言われました。小原先生の元気の素を一つ知ったのでした。私も疲れたときに一度飲んでみたいとは思っていますが、まだそれを試したことはありません。

高校生を相手にした講演は、佐世保西高校と併せて、玉川大学教育学科卒業生、佐藤俊三先生が勤務されている川棚高校でなされました。講演の内容は主として全人教育。勉強の一番を目指すだけでなく、同時に道徳も、芸術も、身体の健康も忘れないでほしいことを訴えられました。

川棚高校での講演後、佐藤先生の案内で、小原先生の京都帝国大学時代の恩師で川棚出身の朝永三十郎先生（ノーベル物理学賞を受賞された朝永振一郎博士の父上）（写真①）の生家を訪問され、続いてその近くにあった朝永先生の小学校時代の母校の体育館を訪ねられました。講堂兼体育館の舞台の左側の上に「空しき心に神は生れる　甲渓学人」（写真②）と筆で揮毫された額が飾られていました。「甲渓学人」とは朝永三十郎先生の雅号でした。

小原先生は、「さすが朝永先生は、いい言葉を選んで書かれているな！」と、京都帝国大学学生時代の朝永先生の講義を懐かしそうに思い出されていました。この文言の印象は小原先生の中に深く刻まれたようです。後年出版された『師道』の中で、次のように書かれています。「先年、（朝永）先生のご郷里の九州の佐世保の田舎に行きましたら、村の小学校の講堂の額には、先生の文字で「空しき心に神は生れる」とありました。「心の貧しい人たちは幸いである。天国は彼らのものである」と聖書にありますが、「貧しき」につまずきます。謙虚、空、無邪気、思無邪という意味でしょうが、先生の「空しき心」に尊く教えられました」と。

「心の貧しき者」と言うと「心が貧弱な者」というように聞こえて、私自身ももっと他にいい言葉はないのかな、と学生時代に思ったことを覚えています。「心の貧しき者」が、素直で、謙虚な心を持った者であるとすれば、「心の空しき者」と言い直した方が確かに納得いくものだと思われました。

写真①　朝永三十郎博士（1871–1951）

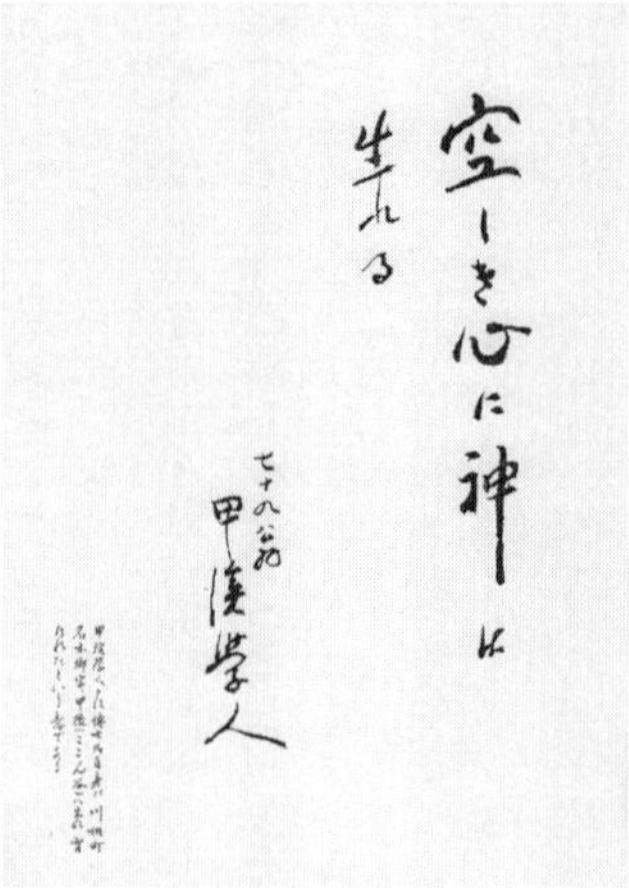

写真②　「空しき心に神は生れる」（朝永三十郎書）

37 「もらった学生にとっては一分の一だ！」

――卒業記念用の書を揮毫された際の小原先生の一言

毎年2月になると、小原先生は時間を見つけては卒業生のために筆を握られました。一つは卒業証書のサイン、もう一つは、卒業記念用の書でした。確か、幼稚部・小学部・中学部・高等部の卒業生には記念品として色紙を書かれましたが、大学の卒業生には掛け軸（茶掛）用の「夢」を揮毫されました。

卒業証書のサインについては、最晩年になるとさすがに印刷のサインになりましたが、私が小原先生の随行秘書をしていた1971（昭和46）年2月には、幼・小・中・高・大の卒業証書全部に直筆でサインをされました。当時小原先生は82歳。周りは「もうサインも印刷でいいのではないんですか！」と言っても、「書ける体力のある間は自分の手でサインするよ！」と言って揮毫されました。幼・小・中・高の卒業生が約700枚、大学は文学部、農学部、工学部、女子短期大学の卒業証書の枚数を合わせたら、2000枚以上あったかと思います。当時の卒業生の卒業証書を一枚、一枚比較してみると、「小原國芳」というサインは同じであっても、その字体が微妙に異なっていることに気付かされます。

卒業証書とは別に、先に触れたように、卒業生の卒業記念品として贈り物にするために色紙や茶掛けにするための書を揮毫されました。幼・小・中・高の卒業生に贈る色紙は枚数もそれほどではなかったので、学内で時間を見つけて揮毫されましたが、大学の卒業生の数はかなりあったので、そういうわけにはいきませんでした。

玉川におられると小原先生にはお客も多いため、大学の卒業生に贈るための茶掛け用の揮毫のためには、ご父兄が経営される箱根塔ノ沢にある「新玉旅館」の大広間を借りて、「夢」の字を書かれました（写真①）。大学の各部の事務室から手伝いの職員が出かけてきて、墨をする係、國芳先生の前に紙を差し出す係、揮毫された紙を受け取る係、大広間に並べる係、乾いた紙を集める係というように、分業しながら小原先生に効率よく揮毫してもらいました。「僕はまるで字を書く機械みたいだね！」と笑いながら言われた一言も思い出します。大広間は、「夢」一杯になりました！（写真②）

写真①　「夢」を揮毫する小原先生（箱根塔ノ沢、「新玉旅館」大広間、1971年2月）

ある程度揮毫されたあたりで、「ちょっと書くのを一休みして、品評会をやろう！　石橋君は、今まで僕が書いたのを一枚ずつ見せてくれ。他の諸君は僕と一緒に、「合格」か「不合格」かを言ってほしい！」と言われました。私は一枚ずつ両手で持って上に掲げました。「よし、合格。

次！」。「よし、合格！」。「これもいいか、合格！」と、小原先生の声が大広間に響きました。「これはダメだな、不合格！」、時としてこのような言葉も出ました。小原先生が苦労して書かれているのを知っている私どもが「いや、それもいいんじゃないですか！」とつい口にすると、小原先生は怒られました。「君らは、１００枚、あるいは１０００枚のうちの１枚だから、これもいいかと思ってしまうかもしれないけど、この書をもらう学生にとっては一分の一なんだ！」と。小原先生が、一人ひとりの児童、生徒、学生をいかに大事にされて、教育されておられるのかを再認識させられた一言でした。

写真②　卒業生のために揮毫する小原先生と、大広間一杯に並べられた「夢」

　そしてまた、こういうことも言われました。「こうして僕が卒業生に「夢」という字を贈るのも、卒業生一人一人に「大きな夢」を持ってもらいたいからなんだ」と。小原先生にとって「大きな夢」とは何だったのでしょうか？　そこには、易きに流れず、少々厳しい目標であっても、くじけずに挑戦して実現させてほしいという願いも、確かにあったかもしれません。しかし、そのような意味ばかりではなかったような気がします。

　小原先生にとっては、町工場で職人になるのは小さい夢で、大企業の社長になるのが大きな夢、小学校の先生になるのは小さな夢で、大学の先生になるのが大きな夢かというと、決してそういうことではありませんでした。自分の夢を叶えて大企業の社長になったところで、自分のことばかり考えているようでは、小原先生にとっては、これも所詮「小さな夢」でしかなかったように思います。

自分がこうなりたいという夢を叶えたうえで、さらに他人のために尽くすという夢を描くこと、これこそが小原先生の言う「大きな夢」だったように思います。小原先生の夢の字の「夕」のところに二つの点がある（写真③）のは、一つでも「多くの夢を見よ！」というようにも解釈できるかもしれませんが、一つは自分のための夢、もう一つは他人のために尽くす夢、ということが込められていたからではないかと私は理解しています。

写真③　「夕」の部分に点が二つある「夢」（小原國芳書）

第四部 教育学科助手時代に見た小原國芳先生（1971年～）

石橋哲成

國芳先生（86歳）（1973）

38 「服装はしばしば人格を宣言する」
――大学1年生への授業（「全人教育論」）での一コマ

1971（昭和46）年3月に1年間の小原先生の随行秘書を終えた私は、同年4月からは大学院の修士課程で学びながら教育学科の副手を務めることになりました。随行秘書時代は、小原先生のお伴をして学内外を動き回ったり、都内で行われる会議や日本各地の講演旅行等に付いて行っていたのですが、教育学科の副手としては、学科の他の副手たちと手分けして、大教室における授業の出席取りをしたり、学科の様々な行事の準備を手伝ったりしました。その他に、私に与えられた中心となる仕事は、小原先生の大学における授業の助手役でした。それまでは教育学科の先輩で、京都大学の大学院を修了された米山弘助手がされていたのですが、専任講師に昇格となり、自分の授業を持たれることになったため、小原先生の助手役を私が継ぐことになったわけです。

当時小原先生は、幼・小・中・高・大学の礼拝講話を担当しながらも、大学でいくつかの授業を持たれていました。文学部教育学科、英米文学科、芸術学科、農学部、工学部、女子短期大学1年生への「全人教育論」（半期2単位）と、教育学科4年生への「宗教哲学」（全期4単位）が主なものでした。礼拝講話は別として、年間平均して4コマの授業を担当されていたのでした。

大学1年生の「全人教育論」の授業では、小原先生は私どものときは、テキストとして『母のための教育学』を使用されていたのですが、1970年に、1921（大正10）年の「全人教育論」の速記録と、新たに書き下ろされた「全人教育論」を合併した『全人教育論』（玉川大学出版部）を出版されましたので、その本をテキストとして使用されました。

小原先生の授業は、やり方はどの授業においても同様でしたが、学生たちがただ講義を聴きっぱなしにならないように、毎週B4判1枚ではありませんしたが、全員にレポートの予習を課されました。一人の学生の書くレポートの枚数は1枚でしたが、全学の1年生全員が書くレポートを小原先生が全部読まれることは、数の上からも、また時間の関係からも無理なことでした。レポートすべてに目を通し、小原先生に前もって伝えておいた方がいいような感想や質問などがあると、それを授業の前に報告するのも助手の役目でした。そうすると、小原先生はそれを参考にして、授業を進められました。

ところで、小原先生自身、児童、生徒、学生の前で話されるときには、いつも身だしなみが良かったのですが、授業に出席するときの大学生に対しても、服装については厳しい注文がなされました。「内面さえ良ければ、外面はどうでもよい」とする一部の意見に対して、「内面が良ければそれは外面にも表れるべきだし、外面の服装は、内面にも影響を与える」という考えだったように思います。労作するときに背広を着る者はいないし、そのときは労作着が必要となります。また山登りのときはそれなりの服装が求められます。と同じように、大学の授業に出席するには、それなりの服装を求め、けじめをつけることを求められました。同じキャンパス内に通ってくる児童や生徒たち（男性）は、創立以来紺の背広、紺のネクタイと定められていました。オシャレのためではなく、「紳士」たらしめる教育の意味もありました。「いつも紳士たれ！」これが小原先生の教えでもあったのです。

もう50年以上も前のことですから、もちろん今とは時代も違います。大学の数も少なく、18歳年齢の全体のまだ20パーセントぐらいしか大学に進学していないころで、玉川以外の世間の大学でも、多くの大学生たちが詰め襟の学生服を着ていたものでした。現在ではすでに18歳年齢の50パーセント以上が大学へ進学するようになり、服装もかなり自由になって、世間の大学で詰め襟の黒い学生服を着ているのは応援団に所属している大学生くらいになってしまいました。玉川においても、大学生が紺の背広上下（第一装）を着るのは、特別の行事に出席するときぐらいになってしまいました。ですが、時と場所と状況に応じて服装を正すということは、時代が変わっても、大切なことではないかと思われます。

さて、小原先生は自分が担当されている「全人教育論」の授業において、最初の時間に「学問や技がいくらできたとしても、それだけでは人間としての崇《とうと》さが足りない。深みが付いてこない。ゆかしさのない、風格のない、趣味のない人は、やはり全人とは言えない」と話され、服装を正すことについても訴えられました。

このことは『全人教育論』の本の中でも書かれていますが、次のようなことをよく話をされました。「シェクスピアは実に『ハムレット』の中で、次のような貴いことを教えてくれている。

デンマークの富豪が一人息子を文化の中心パリに留学させるそのときの忠告は、「お前の小遣銭は服装にかけよ。服装は（しばしば）人格を宣言する」（Apparel oft proclaims the man）であった」と。

そのような小原先生の話を聴いた学生たちは、おのずと服装を正し、小原先生の授業に出席していました。5月の連休も終わったころだったと思いますが、大学生活にも慣れ、少し暖かくなってきたこともあって、大学1年生の「全人教育論」の受講生の中にも、ブレザーは着ていても、ノーネクタイの学生が目立ってきました。

ある日のこと、授業が始まると「今日、ネクタイを締めていない学生は立ってみよ！」という小原先生の声が響きました。ノーネクタイの学生は、怒られるものだと覚悟してその場で恐る恐る立ちあがりました。すると小原先生は、助手役として同席していた私に向かって「石橋君！立っている学生の数を数えてくれ！」と指示を出され、私がノーネクタイの学生の数を報告すると、その場で「すまんがすぐ玉川の購買部に行って、僕のツケでネクタイを買ってきてくれ！」と依頼されました。

急いで購買部へ向かい、ネクタイを数だけ手に入れて教室に戻ると、小原先生はすでにその日の講義に入っておられましたが、その場で講義を中断し、先ほど立った学生にもう一度立つように促し、私が手に入れてきたネクタイを配るよう指示されました。そしてこう話されました。

「和装においても、羽織には紐がなければだらしなく見える。ネクタイは羽織の紐みたいなものだと思う。助手の石橋さんから手渡されたネクタイは僕からのプレゼントだ。どうか背広を着るときは、ネクタイを忘れないようにしてほしい。これは僕からのお願いだ」と。次回の授業から、男性は全員がネクタイをきちんと締めて授業に出席したことは言うまでもありません。

この日のことは、私にとっても強烈な印象として残りました。現在暑い夏場は、「クールビズ」という名のもとに、ノーネクタイは政府主導で官庁でも当たり前に見られるようになりました。玉川での会議等の際もノーネクタイで構わないというお達しがあることもあります。時代の流れの中で当然ともいえます。私自身も、全体で決まればそれに従うことにしました。が、そんなときも、小原先生の授業のときの場面がなつかしく思い出されました。

こんなことがありました。ノーネクタイの学生に自らネクタイを贈られた小原先生の授業から数年後、私は国際学会に出席するためドイツに出張しました。ドイツでの学会終了後、私はイギリスにも足を延ばす予定でしたので、予めヨーロッパ往復の格安便に少々追加料金を払って、ベルリンからロンドンまでの航空券を追加して、成田からフランクフルト、ベルリンからロンドン、ロンドンから成田への3枚の航空券を購入しました。ドイツでの学会も無事終了して、私はベルリンのテンペルホーフ空港から、ロンドンのヒースロー空港行きの「ブリティッシュ・エア」のカウンターに並びました。

ファーストクラスの受付の前には服装を正したイギリスの紳士淑女たちが数組並んでいました。私は値段の安いエコノミークラスの列に並んでいました。ロンドンに着いたら、ある大学の研究室を訪ねる予定もあり、私はスーツにネクタイを締めていましたが、エコノミークラスの列に並んでいる他の人たちは、比較的ラフな服装でした。間もなく、ファーストクラスの受付は終了しました。

　あちらの列は空いていていいな、と私がファーストクラスの受付の方を向いたとき、係の男性が書類の書き込みを終わり、ちょうど頭を上げました。目が合ったため軽く会釈をすると、手招きされました。なにか用事かと思い、身体だけ行こうとすると「荷物も一緒に！」と言われました。エコノミークラスのカウンターが混んでいたため受付の代行をしてくれるのかと思いましたところ、「あなたはネクタイを締めて、服装もちゃんとしたgentlemanだから、ファーストクラスにご案内します！」と言われました。ベルリンからロンドンまでの2時間の空の旅。ゆったりした座席で美味しい昼食をいただき、幸せな気分になりました。

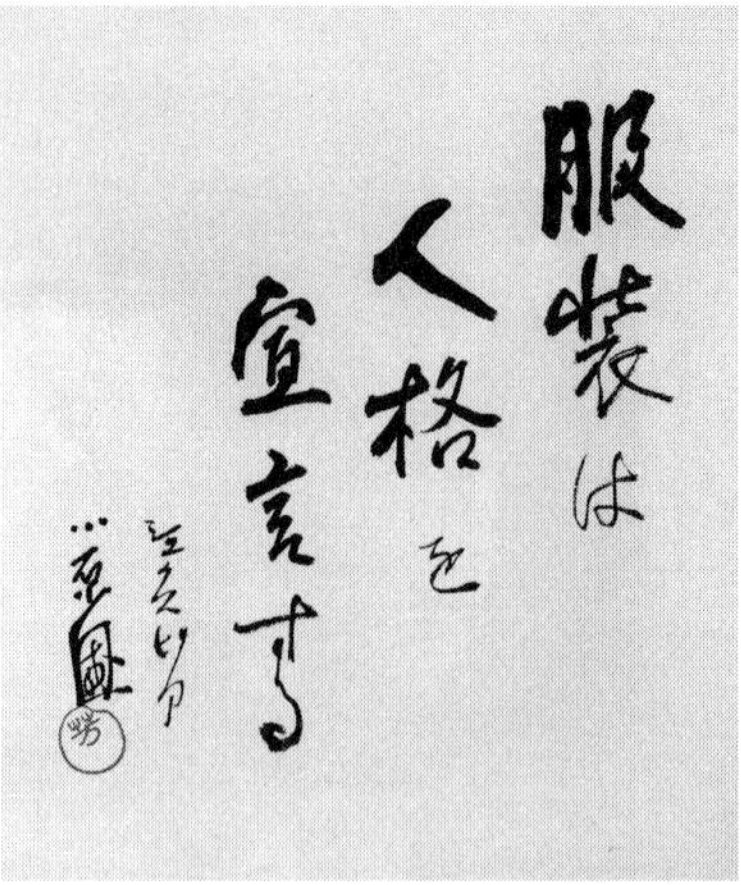

「服装は人格を宣言する　シェイクスピア」
（小原國芳書）

　もちろんこれは、たまたま起きたこととも言えるでしょうし、服装を正すと必ず得をするというわけではありませんが、小原先生の服装論は、いつの時代にあっても大切にしたいと私は思っています。江戸時代の儒学者で、福岡出身の貝原益軒（1630–1714）も「衣服は身の表なり。人に交わるに、先に形を見る。次に言を聞き、次に行いを見る」と言っています。

39 「教師は水車たれ！」
――小原先生の教師論の神髄

小原先生にとって、「教育は全人教育でなければならない」ものでしたが、「教育の結論は教師論だ！」として、全人教育を生かすも殺すもそれは教師であることを強調されました。そして、1971（昭和46）年の春、玉川大学に大学院文学研究科教育学専攻が開設された際も、基本科目の中に「教師論」という科目を設定され、それを小原先生自らが担当されました。

授業では、先人たちが教師とはどうあるべきものだと考えたか、教師論の歴史にも触れられましたが、その後、自らの教師論を展開されました。その中で、特に私が印象に残っているのは「教師は水車たれ！」という言葉です。

言うまでもなく、教育は教師のみで成立するものではなく、教師と生徒との関係において成り立つものです。人はこの両者の関係を「教育的関係」なる言葉をもって呼んでいます。古来、教育的関係の在り方は一つではなく、いろいろと見られるものであり、それがどのような関係にあるかによって、教育の効果もまた変わってくるものです。つまり、教師が生徒に対してどのように関わり、接したらよいかということは、正常な教育活動を行うための重要な前提となるわけです。

ところで、小原先生の甥であり、京都大学教授であった鯵坂二夫先生が、その著『教育原論』（玉川大学出版部）の中で教育的関係について語り、「権力関係」と「平等関係」と「指導および被指導の関係」の三つに分類されています。これら三つの教育的関係を簡単に考察しながら、小原先生の言われた「教師は水車たれ！」とは、どのような教育的関係における教師の姿を言われようとしたのかを考えてみたいと思います。

第1の「権力関係」でありますが、ここにおいては、教師は支配する者、命令する者であり、生徒は支配され、命令される者として考えられます。このような教育関係は、私どもの知っている童謡の歌詞に従えば、「雀の学校」型関係とも呼べるでしょう。雀の学校の先生は、その歌詞にあるように、「鞭《むち》を振り振りチーパッパ」「まだまだいけないチーパッパ」であり、まさに支配的・命令的なのです。

このような教師と生徒の間には恐怖や権力はあっても、愛や信頼は存在しないのであり、また服従はあっても生徒の自主性や主体性は考えにくいものです。つまり、このような関係にあっては、生徒は教師の命令に素直に服従するか、あるいは反抗するかのいずれであり、前者の場合はいわゆる従順で善良な生徒と呼ばれ、後者の場合は不徳者として遇せられやすいのです。

第2の「平等関係」は、第1の「権力関係」とは極端に反対の立場をとるものであり、同僚関係、あるいは友人関係として考えられます。このような考え方の根底には教師と生徒の間に同一性、同一権という前提があるのが特徴です。このような教育的関係は、先の「雀の学校」型関係に対して、「めだかの学校」型関係と呼ぶことができるでしょう。めだかの学校では「誰が生徒か先生か」不明であり、「みんなでお遊戯して」いて、完全な平等関係にあるからです。

確かに、生徒の人間性に内在する正当な権利を認めず、権力によって生徒に服従を強要することは誤りです。しかしだからといって、両者の同一性や同権を直ちに主張するのは、あまりに軽率のそしりを免れないことです。そしてその結果は、成熟者としての教師の援助や指導性が希薄にならざるをえないことになります。

第3の「指導および被指導の関係」では、指導者としての教師の優位を認め、それに対する被指導者としての生徒の服従を認めるものではありますが、同時に生徒の人間性に内在する正当な権利をも認めようとするものです。よって、教師の生徒に対する優位は、権力による優位ではなく、全人格性をもってする優位です。「権力」という言葉との対比によって見るならば、「権威」による優位ともいえるものです。

ですから、ここにおける生徒の教師への服従は、決して教師に対する恐怖からくる追従や盲従ではなく、積極的にその人格を敬い、その実力を渇仰しようという自律的なものなのです。教師の権威を生徒が感じ抱くときにのみ、教師の生徒に対する指導に効果が見られるであろうことは、疑いのないところです。

ところで、昭和20年代までの日本の多くの農家では、田植えなどのために堀や川から田圃に水を引き入れるのに、人力の「水車」を使用していました。小原先生が言われる「水車」とは、水路に備え付けられ、水の力でそれを回し、粉をひいたりするものではなく、足踏み式で、柄杓《ひしゃく》形の羽で水をくみ上げ、灌漑《かんがい》用に使われていた「踏み車」とも呼ばれたものをイメージしてもらえば、わかりやすいかと思います。

水車は、一部が水に浸かっていなければ、空回りばかりして田圃に水を上げることができません。かといって、水に浸かり過ぎては重くて回らないばかりか、田圃に水を上げることができません。水車が水車としての役割を果たすためには、空中で空回りしていても駄目だし、反対に水中にうずもっていても駄目なのであり、空中と水中の両方にうまい具合に場所を占めていることが必要です。

ここで、水車を教師に、水を子どもに例えて、先に見た三つの教育的関係を見てみたらどうなるでしょうか。第一の権力関係においては、教師は水という生徒たちから完全に離れた上方でクルクル回っている風車でしかありません。また第二の平等関係においては、水という子どもたちの中に潜ってしまって、動きのとれなくなった丸い物体でしかないでしょう。つまり、両者ともに子どもという水を上に汲み上げることはできません。子どもという水の中に身を挺しながらも、他方ではどこまでも空中に自らの姿を出していることが必要であり、そうしてこそ田圃に水をあげることができるのです。その意味では、第3の指導的関係こそが、水車と水との適切な関係でありうるのです。

権力をもって、つまり恐怖心を抱かせて子どもたちを支配する教師でもなければ、お友達的教師でもなく、一方には子どもに対する限りない愛と信頼を持ちつつ、同時に子どもたちからも信頼されながら、どこまでも権威をもって子どもたちを指導していく教師。このような教師を小原國芳先生は望ましい教師として捉え、水中に一部身を置きながらも、空中にもその姿を見せる「水車」に例えて、「教師は水車たれ！」と言われたのでした。

40 「悔い改められた罪ほど美しいものはない！」

――大学生への礼拝説教の一コマ

大学院の修士課程を修了して、私は助手に昇格しました。大学の助手になってからは、教育学科の礼拝の手伝いをすることも大きな仕事になりました。小・中・高等部の礼拝時は、児童や生徒がクラスごとに着席するために、最前列からきちんと詰めて座るのですが、大学生はそれぞれの時間割が違うので、個々人が前の授業が終わり次第、礼拝堂に来て席に座るため、前の方の列はかなり虫食いのように席の空いていることが多くありました。小原先生はそれを嫌い、前列からきちんと詰めて座るように注意されました。しかし遅れて礼拝堂に来ると、前の方にどのくらい席が空いているのかわからず、ついつい後方の席に座りがちになってしまうのは仕方のないことでした。

そこで、助手として礼拝堂の整理も任されていた私は、礼拝が始まる少し前に礼拝堂に出かけ、音楽の先生に奏楽を弾いてもらって礼拝に入る雰囲気を作ってもらい、私は前に立って、入ってきた学生に前から詰めて座ってもらい、席に座った学生たちには奏楽を聴きながら、静かに黙想することを願いました。前列からきちんと詰めて学生が座っていると、小原先生も礼拝堂に入ってこられたときから機嫌がよく、説教も気持ちよくされました。

どこか他の箇所でも書いたように思いますが、玉川学園における礼拝は、全人教育の一環として行われるものであり、必ずしもキリスト教の信者を対象とするものではありませんので、礼拝における聖書購読も、その後の説教も専門的に解釈が行われるというより、児童、生徒、学生たちの日常の生き方に関連する聖書の言葉が多く取り上げられました。「マタイによる福音書」、「マルコによる福音書」、「ヨハネによる福音書」から読まれることが多かったのですが、大学の礼拝になると、「使徒行伝」や「ローマ人への手紙」からも読まれました。

ある日の聖書購読には、「ローマ人への手紙」第13章12節〜14節が選ばれました。「夜はふけ、日が近づいている。それだから、私たちは、闇のわざを捨てて、光の武具を着けようではないか。そして、宴楽と泥酔。淫乱と好色、争いを捨てて、昼歩くように、つつましく歩こうではないか。あなた方は、主イエスを着なさい。肉の欲を満たすことに心を向けてはならない」という文言だったように思います。

説教になると小原先生は、ローマ帝国時代のカトリックの司教であり、後世にも多くの影響を与えた神学者であったアウグスティヌス（Aurelius Augustinus, 354–430）とその母モニカのことを話されました。「アウグスティヌスは頭に「聖」という冠をつけて「聖アウグスティヌス」と呼ばれた人だから、若いときから清らかな生活をしていたとみんなは思うかもしれないけど、カルタゴで学んでいた君らぐらいの年齢のとき、身分の低い女性と同棲を始め、私生児をもうけた。同棲は15年に及んだと言われている。彼は当時を回想してかの有名な『告白』において、「私は肉欲に支配され荒れ狂い、まったくその欲望のままになっていた」と書いている。それほどに人間は弱い存在なんだ。でも、このように堕落した若きアウグスティヌスを救ったのが、実は母モニカの涙ながらの祈りであった。この母の祈りが通じて、アウグスティヌスは放蕩な生活を悔い改め、キリスト教の洗礼を受けて、それからは熱心なクリスチャンになったばかりではなく、キリスト教の指導者になっていったんだ。母モニカの涙ながらの祈りとともに、アウグスティヌスの回心を助けたのが、先ほどみんなが読んでくれた『ローマ人への手紙』のあの箇所だったそうだ」と。だいたいこのような話をされました。

説教の最後に、「若いときは苦しいことも多いけど、がんばれ！」と大学生にエールを送ると同時に、「何かの拍子で間違った道へ行ったとしても、もとの正道に戻る勇気を持ってほしい。悔い改めて、またがんばってほしい。「悔い改められた罪ほど美しいものはない」と僕は思っている」と言われた言葉が思い出されます。

女性陣に対しては、「いずれ母となったとき、子どもが間違った道へ行っても、頭から怒鳴り散らすのでなく、アウグスティヌスの母モニカのように、子どものために涙ながらの祈りをささげてほしい！」とも言われました。そのとき小原先生が言われた「涙の子は滅びず」という言葉も、強く頭に残っています。

41「理想の教師も全人であってほしい！」
――世界新教育会議において「師道」を講演

　1973（昭和48）年5月7日、その1ケ月前に86歳の誕生日を迎えられた小原國芳先生は、玉川学園理事長、玉川大学長、玉川学園長などの重責を長男の哲郎先生に委託し、自らは玉川大学総長、玉川学園総長となられました。しかし、これで完全に重荷を下ろされたわけではありませんでした。

　学内では理事長、学長、園長の重責を子息の哲郎先生に譲られたと言っても、学外においては、まだ大きな仕事が残されていました。小原先生は、1966年に世界教育協会（WEF＝World Education Fellowship、その前身は新教育協会＝NEF＝New Education Fellowship）日本支部長となり、世界新教育運動に目を向けながらも、日本における新教育運動の発展のために尽力されていました。私が随行秘書をしていた1971年ごろも、虎ノ門の国立教育会館で行われた理事会には積極的に出席されていたことを覚えています。小原先生としては、自分が会長を務めている間に世界会議を日本で開催する夢を描かれていました。ちなみに、当時小原先生のもとで副会長を務めておられたのは、上智大学教授の稲富栄次郎先生と早稲田大学教授の原田実先生でした。

小原國芳先生は、世界教育協会日本支部長として理事会に国際会議を東京で開催することを提案され、それが理事会でも承認されて、1973年8月6日から14日までの9日間、日比谷の帝国ホテルを会場として、「世界新教育会議東京大会」（ユネスコ、文部省後援）を開催されました。

新教育会議への出席者は、外国から134名、日本から263名、それに招待者、オブザーバーを加えると約500名にのぼりました。世界教育協会総裁のインドのシャー教授、同議長のイギリス、ロンドン大学のヘンダーソン教授も主席されました。小原先生は、玉川の卒業生で、アメリカ留学から戻って間もない、流暢な英語を話される土山牧民教授を絶えず傍において、国内外の世界教育協会幹部や会議を実際に運営してくれるメンバーたちと密に連絡を取り合いながら、会議全体の進行に目を配られました。

裏方の事務局の方は、中森善治実行委員長の下、当時講師であった三井善止先生、米山弘先生らとともに、助手であった私も、実行委員、事務局員の一人として参加。期間中は帝国ホテルの一室に泊まり込み、会議全体の進行がうまくいくように、裏からお手伝いをしました。

8日間の会議の期間中には、14のグループに分かれて、「東西文化と教育」、「情報化時代と教育」、「価値観の変動と人間関係」、「子供の発達可能性と限界」、「生涯教育」、「道徳教育と宗教教育」、「教員の養成と研修」等々について研究討議がなされた他、四つの記念特別講演もなされました。外国からは、オランダ、ユトレヒト大学のランゲフェルト教授（演題は「教育における人間関係」）、カナダ、オタワ大学のラムーナス教授（演題は「20世紀における全人」）、そして日本からは、上智大学の稲富栄次郎教授（演題は「日本における東西文化の交流」）と、玉川大学の小原國芳総長（演題は「師道」）でした。

大会では、「新時代をひらく教育・教師は何をなし得るか」（激動する社会と教師の役割）という主題が掲げられていました。小原先生は、この主題に応える形で、最終日に「師道」と題して講演されたわけです。若き日より、多くの人を相手に、多くの場所で講演をされてきた小原先生でした。この世界教育会議における講演は、小原先生にとってこれまでの講演を総括するものでした。34歳のときの「八大教育主張講演会」における「全人教育」の叫びから、52年後の叫びは、「全人教育の結論は教師論である」ことを受けての「師道」についての講演であったわけです。

小原先生の当日の講演は、86歳という年齢を感じさせない元気な声で、世界から出席していた教育者たちに訴えかけられました。「師道の先唱者は日本では山鹿素行先生でありましょうか。先生の著『山鹿語類』によれば、「師ハ志ナリ」「志ハタダ人タルノ道ヲ尽スコトデアル」とあります」という言葉で講演を始められ、黒板に「師道」という漢字を大きく書き、その横にローマ字で〝Shidou〟と添えて、「志」という漢字を大きく書かれました（写真①）。小原先生の黒板を使っての講演は日本人には慣れたものでしたが、いきなりの漢字とローマ字による綺麗な板書に、外国人たちは魅せられてしまった感じでした。

「師道とは、永遠の道を、スピノザの教えた「永劫の相において（sub specie aeternitatis）」追い求めること、確乎不動《かっこふどう》の心もて理性の示すところに従うことだと思います」と、スピノザの言葉を引用することにおいて、西洋人たちの心をさらにしっかり摑《つか》みながら講演を続けられました。そして「師は片々たる知識や、小手先の技術ではなく、その全人格的「志」をもって、弟子を感化するものではなりません」と述べて、「理想の教師とはどのような存在なのか」という核心に迫っていかれました。

　やがて小原先生は自分の理想とする教育とは「全人教育」であること、それに従って、理想的教師も「全人的教師」であってほしいと自分の描く教師について論を進めていかれました。いわく、「教育の内容は人間文化のすべてを有《も》たねばなりません。故に教育は絶対に全人教育でなければなりません」と。これはまさに1921（大正10）年8月の「八大教育主張講演会」における34歳のときの「全人教育論」提唱のときの言葉でありましたが、52年後の『師道』の講演では次の言葉が続きました。「従って、理想としての教師は「全人」であらねばなりませんし、文化の全部を具備してもらいたいものです」と。小原先生はそこで改めて、自らの全人教育について世界の教育者たちを相手に説明され、「この真・善・美・聖・健・富の六つの価値を、秋の庭先に美しく咲くコスモスの花の如く、整然と身につけて欲しいものです」と力強く述べられました。

写真①　世界新教育会議東京大会において「師道」について講演される小原國芳先生（東京、帝国ホテルの会議場、1973（昭和48）年8月）

　まず、真理の追求のためには、自ら哲学者となって「宇宙の不可思議に対して精微なるデリカシーをもって」敏感なる疑問の連発者たる児童、生徒、学生たちに対して、彼らの探求心の共働者、相談相手、刺激者であることを求められました。次に善ですが、小原先生にあって善人とは、「善の根本義、確固たる人生観、世界観、宇宙観の正しき理解者であってほしい」のですが、決して欠点のない完全無欠な人間ではなく、生徒の悩みも、苦しみもわかってやれる「人間通」であることを強調されました。

美でありますが、教師は「生きた芸術家であり、生の創造者」であることを求められました。そして、多くの偉大な教育者たちは、「物知りの学者であるよりは燃えたる芸術的天性の持ち主であった」ことを、例を挙げて話されました。聖については、小原先生が特に強調されるところですが、教師は「燃えたる生きた宗教的信念の所有者」であることを求められました。真の知育も教師の有する宗教的信念に支えられるものであり、「神なき知育は、知恵ある悪魔を作る」ようにならないように注意すべきことを強調されました。

健については、決してそれが最終目的ではないにしても、教育活動をしていくためには、教師は心身ともに健康な人でなければ務まらないことを主張して、自らは健康のためにニルス・ブックを招聘してデンマーク体操、さらにオーストリアのシュナイダーを招聘してスキーに力を入れたことを述べられました。富については、労作教育と関連付けて論じ、「百聞は一見に如かず、されど百見は一労作に如かず」と述べ、積極的に実践することの大切さを説き、教師は、自ら創意、工夫のできる人であることを求められました。

このように理想の「全人的教師」について持論を述べられた後、「師道の発展条件」として、（1）情熱、信念、使命感、（2）個性尊重、人間尊重、さらに（3）創造、工夫、探求、発明、

（4）世のリーダー、覚醒者、（5）鼓舞奨励者、最後に（6）愛を挙げられました。そして小原先生は、講演の最後を「この世界教育会議も大きく世界の政治家に、更に、全人類に訴えるところがなければなりませぬ。大いに結束して力強く教育立国論を打ち立てましょうや！」という言葉で閉められました。会場は大きな拍手で包まれました。

このときの講演原稿は、その後補足修正が加えられたうえで、翌年の1974年1月に玉川大学出版部から『師道』というタイトルで出版されました。この本の最初の「序」において小原先生は「教育の結論は、教師であります。いや、政治も、外交も、産業も、文化、も、一切が人であります。中でも特に、教育こそは「人」であります」と日ごろの持論を展開され、さらにこの本の最後の「跋《ばつ》」においては、この本での主張が「六十年間の東奔西走の獅子吼《ししく》のピリオドという感じがいたします」とも書いておられます。

京都帝国大学を卒業されたときに書かれた卒業論文「宗教による教育の救済」が広島高等師範学校教諭時代に『教育の根本問題としての宗教』と改題され、処女作として集成社から出版されたのが1919（大正8）年6月のことでした。それから55年後の1974年1月に、この『師道』は小原先生の最後の著書として出版されました。『師道』と銘打ったこの本は、小原先生にとって、正しくそれまでの教育論の集大成となったのでした。

42 命懸けで出席された卒業式
——小原先生にとって生涯最後の卒業式

1977（昭和52）年3月10日の大学卒業式でのこと。私は大学の助手の身分であると同時に、大学院博士課程修了者の一人として列席していました。小原國芳先生はすでに学長職を子息の小原哲郎先生に譲られて、自らは総長職に就かれていましたし、年齢もすでに90歳に迫られていました。しかも、入退院を繰り返す状況だったことを卒業生たちも知っていました。よって、小原先生の出席は無理だろうなと思っていました。と思いながらも、できたら小原先生にも卒業式に出てきてもらいたい、とみんなが祈るような気持ちで待っていました。

いよいよ式が始まりました。しかし、小原先生の姿は会場にありませんでした。国歌も終わり、「國芳先生は、今年はやはり卒業式への出席は無理だな！」と卒業生が諦めかけたとき、舞台の脇から静かに舞台に現れ、舞台中央へとゆっくり歩みを進められました。会場に拍手が鳴り響きました。

間もなく卒業証書の授与が開始されました。小原先生は、椅子に座りながらではありましたが、小原哲郎学長から卒業証書を受け取った卒業生一人ひとりと握手をし、その後、短いものではありましたが、総長として心のこもったお祝いの言葉も述べられました。卒業生たちが、心から喜んだことは言うまでもありません。

後で聞いたことですが、式が始まる前から、舞台裏では小原先生と周りの人々との間で、激しい会話のやりとりがなされていたそうです。身体が弱っていた小原先生に対して、周囲は「2年後には創立50周年を迎えます。会場は冷え込んでいます。今日は無理しないでください！」と諌《いさ》めたといいます。ある意味では、当然のことでした。

だが、小原先生は、「僕だって50周年はみんなと一緒に祝いたいよ。しかし、今日巣立っていく卒業生たちに「おめでとう！」も言ってやれないで、あと2年生きていて何の意味があるのだ！」と言い、周りの制止を払って舞台に上がられたとのことでした。私には、小原先生が命懸けで卒業式へ出席されたものと思われました。

牛込にある成城小学校の主事になられたのが１９１９（大正8）年12月。その後、１９２５年4月には当時の北多摩郡砧村へ移転し、成城学園の各部の校長を歴任。１９２９年玉川学園を創立されました。成城、玉川における約60年の間には、幾多の卒業式を体験された小原先生でした。その締めくくりの卒業式が１９７７年3月の玉川大学の卒業式だったのです。ご子息の小原哲郎先生に学長職を譲られ、小原先生自らは総長になられていましたので、この年の卒業証書、および学位記は、「玉川大学総長　小原國芳」、「玉川大学長　小原哲郎」が連名されたものでした。

心配された小原先生の身体でしたが、その後暖かくなるにしたがって元気を取り戻されました。

もちろん、以前の元気潑剌《はつらつ》というわけにはいきませんでしたが、翌月の4月8日には満90歳の誕生日を迎えられ、4月に行われた各部の入学式には顔を出されました。

そして1977年5月2日。この日、小原先生はお客を避けて、「ホテル・ニューオータニ」の一室に閉じこもって原稿を書かれていました。私はその月の下旬にドイツへ留学するための準備をしているところでした。ちょうど原稿書きも一段落して一息ついておられた小原先生から、私は秘書を通して「今日、久しぶりでゆっくり話したいから、ホテルまで来てほしい！」と連絡を受けました。そこで、ドイツ留学に対する心構えを中心に小原先生のお話を聴きました。

確かに元気を取り戻され、一頃よりはお元気でしたが、先生はすでに90歳に達せられており、しばらく祖国を離れる私は、いつまたゆっくりお話を聴く機会に恵まれるだろうかと思い、だいぶ緊張して、先生の一言一句に耳を傾けたことを覚えています。

一緒に食事をしながらの小原先生のお話は、勉強面から生活面に到るまでの幅広いものでした。ドイツでの日常生活に関する話の際、先生は「ドイツへ行ったら、日曜日にはできるかぎり現地のキリスト教会の礼拝にも出席してみたらどうだ！　礼拝に出席することによって、ドイツの人々の精神生活を支えているもの、またドイツの文化や教育思想の根底にあるものが肌で感じ取れるんじゃないかな！」と言われました。この言葉は深く私の心に残り、脳裏から離れがたいものになりました。

また「教育学は決して机上だけの学問ではない。大学に閉じこもって本ばかり読むのではなく、大いに広く世界を見てきてほしい。ヨーロッパはありがたいことに陸続きではないか……」とも言われました。私はこれを、干からびた理論の教育学ではなく、血と肉の通った人間味ある教育学を目指しておられる、小原先生の心の叫びとして受け取りました。

ドイツへ渡り、ゲッチンゲンとシュタウヘンでしばらく語学研修を受けた後、10月より当時の西ドイツのテューービンゲン大学のボルノー教授のもとで学ぶことになりました。学生生活にも慣れてきたころ、私は大学の休暇を利用して少しずつ旅を始めることにしましたが、これは、小原先生のお言葉が私にそうさせたものでした。自分の研究分野との関係も考えながら「教育史の旅」をすることにしましたが、最初に一歩を踏み出したのがフレーベルの遺跡まわりをしながらの（当時の）東ドイツの旅でした。その後も機会を見つけては、ペスタロッチー、ヘルバルト、ルソー、コメニウスの遺跡巡りをしながらそれぞれの国々を回りました。ドイツ留学後、これらの紀行文をまとめて、留学の報告の一つとして『ヨーロッパ教育史紀行』（玉川大学出版部、1983）と題した本を出版できたことはありがたいことでした。

43 「宗教は力強くつかんで！」
――小原先生からの最後の言葉におもう

私がドイツ（当時はまだ西ドイツ）の留学へと飛び立ったのは、１９７７（昭和52）年5月の下旬のことでした。10月の冬学期からは、バーデン・ヴュルテンブルク州にあるテューービンゲン大学で学ぶ予定にしていました。正式な学生証を取得するためには、大学が行う「ドイツ語試験」に合格する必要がありましたので、テューービンゲン大学に行く前に西ドイツ国内にある「ゲーテ・インスティテュート」で語学の研修を受けました。

ドイツに到着した最初の町はゲッチンゲンでした。そこで迎えた最初の日曜日。私は小原先生が鹿児島縣師範学校時代の最初の日曜日に教会を訪ねられたこと、また小原先生の「ドイツへ行ったら、日曜日にはできるかぎり現地のキリスト教の教会の礼拝にも出席してみたらどうだ！」という言葉を思い出し、そのときの住居から一番近い教会に足を運び、礼拝に出席しました。

そして小原先生にさっそくお便りをしました。その後も機会あるごとにお便りを続けました。すると、ドイツでの生活が始まって3カ月が過ぎた8月中旬、シュタウヘンで私は先生から一通のハガキを受け取りました。そこには次のように書かれていました。「度々お便りありがとう！

力強い手紙、うれしい！　一遍一遍返事を上げねばならぬのに！　最初の日曜日、教会に行ったのは何よりうれしい。宗教は力強くつかんで！」（写真①）と。

このハガキを受け取った4カ月後には、小原先生は天に召されて帰られぬ人となられましたので、このハガキが、私には小原先生からいただいた最後のものとなりました。再び生きて話す機会を与えられなかった私には、「宗教は力強くつかんで！」という言葉が、小原先生から私への最後の言葉になったわけです。

今この言葉をあらためて考えてみるとき、私にはこの言葉こそは、小原先生の90年の生き方から出てきたものであり、この言葉の中に、小原先生に生きる活力を与えたものは何だったのかを知る鍵も隠されているように思えるのです。

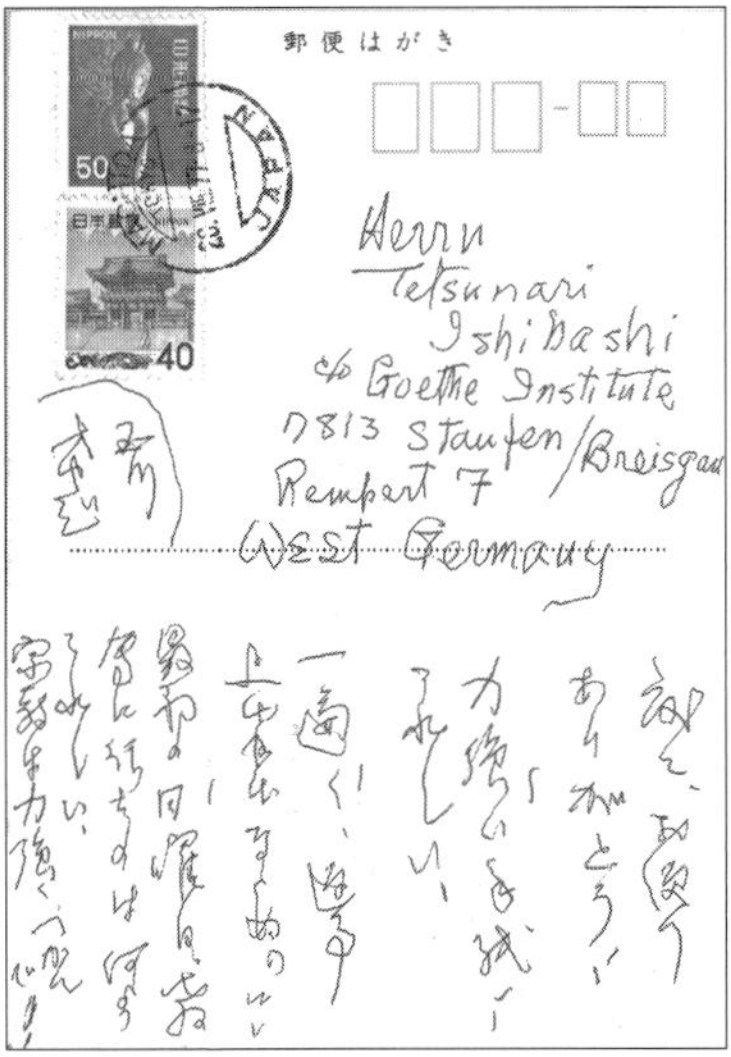

写真①　ドイツで受け取った小原先生からのハガキ

そもそも小原先生が信仰に対して目を開かれる大きなきっかけとなったのは、鹿児島縣師範学校時代に、キリスト教教会の伝道師、ランシング女史や尾島真治牧師と出会われたことによるものでした。自らは、洗礼を受けてキリスト教の信者となられたのでした。

だが小原先生は、生涯決してキリスト

教にのみ固執されることはありませんでした。仏教など他の宗教にも広く心を開き、宗派にとらわれない態度で、個人の宗教心や宗教体験を重視されたのでした。つまり、小原先生にあって宗教とは、どこまでも人間と世界との関係に基づく要求であり、決して特定の宗教を指すものではなかったのです。これには、京都帝国大学学生時代の恩師、西田幾多郎博士や波多野精一博士、またそこで学んだドイツの神学者、シュライエルマッヘルの影響が大きいとみることができそうです。

他の箇所でも触れたことでありますが、小原先生は、礼拝講話や「宗教哲学」の時間に、シュライエルマッヘルがその著『宗教論』の中で述べている「絶対帰依の感情」についてしばしば語られました。小原先生によれば、「絶対帰依の感情」とは絶対者に対して自己を完全に任すことであり、本源と完全に合一することです。しかし、それは単に「他力本願」を意味するものではありませんでした。自分の力だけで生きているように思っていた人間が、大自然の大きな営みの中で生かされていることに気づき、本源と結びついていることを自覚することでした。人間は誰しも本源と結びつき、神仏に見守られながら生きているのに、普段はそれに気づかずにいるわけです。

「絶対帰依の感情」と併せて、小原先生がよく口にされたのが「逆境即恩寵」という言葉でした。これら二つの事柄は、実は密接な関係にあると言えます。絶対者と結びついて生きていることを自覚するとき、逆境はそのまま逆境としてではなく、恩寵として受け取れるようになるからです。つまり、大自然の大きな営みの中で生かされ、神仏に見守られていることに気付いた人間は、「神は、耐えられぬ苦しみをお与えになるはずがない」（『聖書』コリント人への第一の手紙13章には「あなた方を耐えられないような試練に会わせることはない」と書かれています）と信じ、苦しみというものを神から与えられた試練として、前向きに受け取ることが可能になるからです。

小原先生の一生を見るとき、その生き方こそは、まさに「逆境」を「恩寵」へと変えていく生き方だったのではなかったかと改めて思います。しかも、逆境を恩寵へと変えて、それを行動に移し飛躍を図られた時点が、それぞれ人生の節目ともなっているようです。

鹿児島縣師範学校3年のときの、自分の意に反した愛なき結婚の苦しみが、広島高等師範学校、さらに京都帝大へと進学していく推進力となっていきましたし、それに続く、京都帝大卒業後の広島高等師範附属小学校時代の離婚に対する中傷や誤解による悩みが、小原先生をして、澤柳政太郎博士からの成城小学校（1917年、新宿牛込に創立）への招聘にも即座に応じさせ、上京する大きな力となったように思われるのです。

後に小原先生は、澤柳政太郎博士に見出されたことを「一生の運のひらけであった」と回想されていますが、1919（大正8）年12月、成城小学校2代目の主事として上京されたことは、小原先生の人生における大きな転換でありました。その2年後には、当時の東京高等師範学校（現、筑波大学）の講堂において開催された「八大教育主張講演会」にも登壇することができ、自らのそれまでの教育理論研究と教育実践の中から、世に「全人教育論」を発表、ひたすら新教育開拓の道を歩まれることも可能になったのです。だがその道も決して平坦なものではありませんでした。

１９２２年4月には、澤柳政太郎校長の許しを得て、小原先生は「成城第二中学校」を創設されましたが、翌１９２３年の9月にはあの関東大震災が起こったのです。例にもれず、都心にあった成城も被害にあったわけですが、この場合も小原先生は天を恨むのではなく、これを機会にもっと広々とした大自然の中での教育を夢見て、大震災に出会ったという逆境を、学校の敷地移転のチャンスとされたのでした。

かくて、現在の世田谷区成城町への移転となり、１９２５年暮には幼稚園、翌１９２６年には旧制の高等学校、１９２７年には高等女学校も創設されて、成城は幼稚園から高等女学校、旧制高校までを有する一大学園へと発展していったのです。さらには、成城学園で救い得ぬ子どもたちの教育のために、１９２９年4月、玉川学園を創立。成城と玉川を車の両輪として、自らの教育理想の実現に向かって努力されたのでした。

が、やがて１９３３年には、成城の反小原派の攻撃を受け、小原先生は成城から身を引かざるをえない状況に追い込まれました。成城の産みの親はたしかに澤柳政太郎博士でしたが、一大学園にまで育て上げたのは小原先生でありました。その成城から身を引くということは、小原先生にとっては逆境以外の何ものでもなかったと思われます。しかし、小原先生はこの逆境もまた「神の試練」として受け止め、成城と玉川の両方にかけた夢を、玉川の中だけで実現すべく尽力されたのでした。

かくて、42歳で手掛けられた玉川学園創立ではありましたが、自らの存命中に、幼稚園から、小・中・高・女子短大、そして文・農・工の三つの学部を持つ大学と、さらには大学院までも有する一大学園へと創り上げられたのでした。

小原先生に生きる活力を与え続けたもの、それは宗教であり、絶対者に対する信仰であった、と結論づけるのは早急過ぎるでしょうか。ともあれ、神と一体化した小原先生による玉川の創造は、小原先生を通しての神の創造でもあったように、私には思われます。

小原先生の言われた「宗教を力強くつかむ」とは、決してある特定の宗教、宗派の熱心な信者になることを言っておられるのではなく、まさに、絶対者と結びついて生きている自己を自覚し、逆境を恩寵として、人生を前向きに力強く生きていくことを願った言葉として、理解していいのではないかと思われます。

ここまで書いたところで、私は、日本の大数学者、広中平祐氏の『学問の発見』の中の一文を思い出しました。それは、「世の中には、……与えられた条件をすべて自分にプラスになるように受け止められる人がいる。……世の中で成功した人は、大抵、逆境を自分の人生にプラスに取り込んでいく能力をそなえているように私には見える」というものです。

まさに小原先生は、逆境を自分の人生にプラスに取り込んでいく能力を備えた人であり、その能力は絶対者に対する信仰を通して得られたものだったように思われます。宗教と言うと世間ではとかく特殊な、この世離れした世界の事柄のように思っている人も少なくありませんが、小原先生においてはどこまでも自分自身の生きる姿の中にこそ宗教があったように、私には思われてなりません。

44　「教壇で死なせてくれ！」
――満90歳で通大夏期スクーリングの授業

小原先生から「宗教は力強くつかんで！」と書かれた葉書が届くのと前後して、玉川大学の仲間より、小原先生に関する新聞記事がドイツ留学中の私の許へ送られてきました。何事だろうと開いてみると、朝日新聞の1977（昭和52）年8月2日付の夕刊に載った記事でした。「死すとも教壇をはなれず」というタイトルの下、猛暑が続く中、玉川大学通信教育部の夏期スクーリングの授業が行われていること、その中にあって、90歳（数えの91歳）になった小原先生が老体に鞭《むち》打って授業をされていることが伝えられていました。

新聞の記事によれば、小原先生はドクターストップを振り切って通大夏期スクーリングの授業に臨まれているということでした。そのことから記事の見出しも、「死すとも教壇をはなれず」になっていたのでした。「私はタタミの上で死にたくない。どうか教壇で死なせてくれ！」と言って、講義を続けられたことも紹介されていました。一般の大学教授がこんなことを言って教壇に立ち続けたとすれば、それは我儘《わがまま》以外の何物でもありませんし、迷惑なことであるかもしれません。だが、教育的な使命をもって玉川学園・玉川大学を創立した小原先生が90歳になってまでも教壇に立って話すということは、通大生に自分の教育的遺言を伝えておきたいという心底からの願いが、そこにあったからに違いありません。

「日本の先生方の大部分は、上の学校に通るかどうか、試験にいい点を取るかどうかを真理の基準にしていますが、これは堕落じゃありませんか。皆さんはどうか真理の前には赤ん坊のように謙虚であってくださいねえ。たの（頼）んますぞ……」と受講生たちに語りかけられたとのこと。教育の目的は、ただ学科の試験でいい点を取らせるような受験勉強ではなく、子どもの持って生まれた能力や、才能を、全人教育の立場に立って育ててやることを忘れないでほしいという、小原先生の最後のお願いでもあったわけです。

小原先生が逝去されたのはそれから約4カ月後、1977年12月13日のことで満90歳と8カ月でした。このときも朝日新聞は「最後の私塾創設者 小原國芳氏死去」と大きく報じました。葬儀委員長は竹村吉右衛門氏が務められたとのことでした。玉川学園が経営的に大変なときに、小原先生を助けてくれた人は大勢いましたが、竹村吉右衛門氏はある意味では特別な存在でした。竹村氏と同じ秋田県の出身であり、玉川大学の卒業生で朝倉文夫門下の彫刻家、松田芳雄氏から聞いた話を思い出します。

竹村吉右衛門氏といえば、一般的には、安田銀行取締役、安田生命保険相互会社取締役社長を務めた安田グループ中興の祖であり、実業界を代表する一人として知られていますが、生前、玉川学園の理事としても玉川学園の経営を助けてくださいました。実業界の重鎮であった竹村氏が、何故に小原先生を、また玉川学園をそれほどまでに援助してくださったのか。その裏には、竹村氏が小原先生の人柄に惚れ込まれたことが一因としてあったようです。

　1929年4月、玉川学園の船出はなんとか無事できましたが、その後の学校経営は苦難の連続でした。昭和10年代のある日、小原先生は書類を整え、玉川学園理事長として、当時の安田銀行へ融資のお願いに行かれたのだそうです。頭取と面会されたようですが、そのとき東京商科大学（現、一橋大学）を卒業した、若い貸付課長兼金融課長もその場に立ち会っていました。それが若き日の竹村吉右衛門氏でした。

在りし日の竹村吉右衛門氏（左）と小原國芳先生（右）

　当時の安田銀行の頭取は、小原先生が作成された書類を読み終わると、「こんなんじゃ話にならん！」と言って、書類を机に叩きつけられたそうです。書類はバラバラになって床にも落ちたそうでありますが、小原先生はそのとき、怒ることもせず、また卑屈になることもなく、ゆっくり、静かに書類を拾い集め、再び「もう一度お考え願います！」と言って、頭取に差し出されたとのことです。
　そのときは残念ながら融資してもらえなかったようですが、その場の一部始終を見ていた若き竹村氏は、頭取の言動に対して小原先生がいらだちを見せるどころか、少しも臆することなく、堂々と振る舞われた態度に感銘し、「いつか自分がそれなりの地位に就いた際は、この人の力になりたい！」と思われたというのです。小原先生のそのときの態度が、後に玉川学園が安田銀行から大きな融資を得るばかりか、竹村氏を玉川学園の理事として働いてもらうことにも繋がり、そして最後は、竹村氏が小原先生の葬儀委員長までも務めてくださったのでした。

45 「小原國芳先生顕彰碑」が建立される
──枕崎市立桜山小学校の校庭に

小原國芳先生が逝去されたのは、1977（昭和52）年12月13日のことでしたが、小原先生が逝去されて32年が過ぎた2009（平成21）年は、枕崎市市制60年、枕崎市立桜山小学校創立120年という記念すべき年でした。枕崎市では、いろいろな記念の催しがなされましたが、その中の一つとして、桜山小学校の校庭に小原國芳先生の顕彰の碑を作ろうという話になり、市長が玉川学園へ赴き、じかに小原芳明園長に許しを請われました。もちろん、芳明園長も喜んで協力を約束されました。小原先生の生誕の地は久志なのに、何故に枕崎市の桜山小学校の校庭に「小原國芳顕彰碑」が建立されることになったのか、そこには、次のような背景がありました。

周知のように小原先生は、1887（明治20）年4月8日に、鹿児島県川辺郡南方郷久志に誕生され、1892年4月、地元の久志尋常小学校に入学されました。成績が優秀だった國芳先生は、そこを卒業した後、同校の特置高等科へと進まれました。しかし、当時、特置高等科を出ても高等小学校の卒業とは認められませんでした。指宿出身で久志尋常小学校に勤務されていた鎌田精一先生は少年國芳の才能を認め、久志での勤めを辞めて指宿に戻るときに少年國芳を預かり、自分の家に下宿させて、指宿尋常高等小学校へ通わされました。ところが、少年國芳は残念ながら、卒業を目前にして久志に戻らざるをえなくなったのでした。

それを知った恩師田實源之助先生は、高等小学校卒業まであと3カ月ほどだし、ここで退学してしまうのは惜しいと思い、少年國芳に同じ村の坊泊尋常高等小学校へ転入学して高等小学校を卒業するように勧めました。だが、坊泊尋常高等小学校の職員会議の結果は、卒業間近かの児童の転入学は認めないということでした。それを聞いた源之助先生はその狭い了見に怒り、少年國芳に対して「少し遠いが、きばれ、カゴン桜山まで。おいが弟の源十郎が主席訓導をしとるから、入れてくれるよ!」と励ましました。坊泊へ行くより遥かに遠いのですが、枕崎の桜山尋常高等小学校を訪ねると、田實源十郎先生が「おお久志から来たか。通えるか。大丈夫か!」と温かく迎えてくれました。転入学できたのは、小原國芳少年と入来甚佐という博多浦に住む友人の二人でした。

1900年の1月から3月までの約3カ月間、少年國芳は友人と二人、往復6里（24キロ）の山道を枕崎まで通いました。当時の状況を、後年小原先生は「一番鳥で目が覚めて、起きて待っとると、甚佐君がやってきてくれました。二人が提灯つけて出かけるのです。ニギリメシをフロシキに巻いて、肩からかついで、片手には提灯。片手には勉強道具。2月、サツマでも寒い頂上です。田んぼを間庭おろしの寒い風に吹かれながら山にかかる。山は石ころ道。かなりきつい。そして、杉の繁った薄暗い道。山ん婆というオバケが出ると言う淋しい怖い道。声でも出して、もしか、山ん婆でも出てきたら大変だと、二人は固唾を呑んでだんまりと、テクテク登る。全くコワかったです」と『桜山小学校創立百周年記念誌』に書かれています。かくて、1900年

3月21日に、みごと卒業されたのでした。この桜山尋常高等小学校を卒業できたおかげで、小原先生は、後に鹿児島縣師範学校への進学も可能になったのでした。

短い期間ではありましたが、小原國芳先生が桜山尋常高等小学校で学ばれ、また卒業生であるということは、桜山小学校（写真①）の卒業生のみならず、枕崎市の市民にとっては名誉なことであり、顕彰碑（写真②）建立にも繋がったのでした。

写真①　現在の枕崎市立桜山小学校の校舎とグラウンド

写真②　桜山小学校の校庭に建つ「小原國芳先生　顕彰の碑」

この顕彰碑の建立を機会に、「偉大な先輩に学ぼう！」と年に一回、桜山小学校の児童と先生方が、現在では小原先生が通学されていた自宅から桜山小学校までの通学路を歩いているということです（写真③、④、⑤）。

写真③④　かつて小原先生が桜山高等小学校まで通学されていた道

写真⑤　桜山小学校のある枕崎から、久志までを歩き切った子どもたちと先生方

おわりに

お読みいただいておわかりのように、本書は文献だけを通して小原國芳先生を論じたものではなく、長期間に渡って直に接することができた濵山盛吉さんと石橋の二人が、その体験をもとに人間・教育者、小原國芳先生を論じたものです。

「はじめに」においても触れましたように、第一部は長年小原先生の運転手を務められた濵山盛吉さんが書かれた『小原先生と共に』（自費出版、1983）の中から、小原先生の人間像、教育者像がよく描かれている部分を石橋が選んで、15篇にまとめ直して載せたものであり、それらは、1925（大正14）年ごろの北多摩郡砧村の成城学園草創期時代、および1929（昭和4）年に創立された玉川学園草創期時代からのものが中心となっています。

石橋が手を入れさせてもらった濵山盛吉さんの原稿は、濵山さんの一番末の息子さんで玉川大学の卒業生、現在鹿児島にお住いの濵山満さんが丁寧に目を通してくださいました。心からお礼申し上げます。濵山盛吉さんの『小原先生と共に』が世に出てからちょうど40年が過ぎました。自費出版で、冊数も少なかったため、濵山さんのファンだった成城や玉川の卒業生も、その本の存在を知る人は少ないのではないかと思います。濵山さんの『小原先生と共に』に載せられていた内容を全てではないにしても、濵山さんが小原先生について書かれたものをこのような形で世に出せることを嬉しく思っています。

第二部から第四部は、石橋が、1960年4月に玉川学園中学部に入学以降の、つまり、玉川学園中学部生徒、同高等部生徒時代、玉川大学文学部教育学科学生時代、および、随行秘書、教育学科助手時代を経て、小原先生が逝去された1977年までの17年間にわたって見た人間・教育者、小原國芳先生について述べたものです。70歳代、80歳代の小原先生がその対象になっています。

かつて、玉川の大先輩、諸星洪さんが『玉川のおやじ――弟子の見たる小原先生』（玉川大学出版部、1947）の第二部において「僕の見た小原先生」を書かれています。玉川の草創期から戦後にいたる小原先生を描いたもので、40歳代、50歳代の小原先生がみごとに描かれています。若き日の小原先生に関心をお持ちの方には、諸星洪氏の本も併せて読んでくださることをお勧めします。

1887（明治20）年生まれの小原先生は、今年2023（令和5）年の4月8日に生誕136年を迎えられました。小原先生は生前、「僕の名前は國（92）芳（44）だから、92と44を合わせると136だね。なんだか136歳まで生きられそうに思うんだがどうかな？」と言っておられました。残念ながら小原先生の肉体は90歳で滅んでしまいましたが、小原先生の生前の言動は、今なお私の心の中に生き続けています。小原先生は136歳までみごと生きられたことを感じます。この本を読んでくださった読者を通して、小原先生がさらに多くの人の心の中で生き続けることを祈りたいと思います。

自分なりに小原國芳先生についてまとめておきたいと思ってはいたものの、遅々として筆が進まないでいた私に、小原國芳論を一冊の本にまとめてみたらどうかと熱心に勧め、折に触れて助言をくださったのは玉川大学教育学科の先輩で、現在目白大学名誉教授の谷田貝公昭先生でした。また、この本を執筆していることがわかると、玉川大学卒業生の教員によって組織された横浜市の全人教育研究グループ、「横浜玉川会」の皆様から温かい支援をいただきました。

なお本文中に、当時の様子がわかりやすいように写真を、また私の文章を理解してもらいやすくするために写真だけでなく、小原先生の書かれた色紙等も入れました。私が所有していない写真や色紙については、玉川学園教育情報・企画部所蔵のものを使わせていただきました。

最後になりましたが、出版事情の厳しい中、本書が小原國芳研究、玉川教育の歴史的研究のために意味あるものであることを認めて、玉川大学出版部から提出された企画立案書を出版企画会議で十分吟味くださり、刊行を承認くださいました玉川学園理事長、玉川大学長の小原芳明先生、さらに、直接編集作業に携わってくださる同出版部編集課の山下泰輔氏、田中哲哉氏に対して、この場をお借りして心よりお礼申し上げます。

本書の出版が出版企画会議で承認されたという通知を受け取った

2023年10月17日

石橋哲成

本文中に出てきた「人物」のミニ解説（五十音順）

アウグスティヌス（Augustinus, 354–430）

初代キリスト教会最大の教父。西方ラテン教会の代表的神学者。

若き日には肉の誘惑と理想との乖離に苦しんだ。母の同意なく身分の低い女性と同棲を始め、私生児を設けたりして、母モニカを苦しませた。

彼に回心の決意を促したのは母モニカの不断の祈りと、偶然読んだ「聖書」の言葉によってであった。それをきっかけにアウグスティヌスはキリスト教に入信。

その後、30数年間、聖職者として次々に起こる異端邪説との激しい論争のうちに、学問と教会の権威を確立し、幾多の名著を残した。

鰺坂二夫（あじさか　つぎお　1909–2005）
鹿児島県出身。小原國芳の長兄の次男坊。旧制成城高等学校の第一回卒業生。１９３２年、京都帝国大学哲学科（教育学専攻）を卒業。鰺坂家に養子に行き、アイと結婚、小原姓から鰺坂姓に変わる。
静岡県浜松師範、鹿児島大学等を経て、１９４５年、京都大学教授。１９７２年、京都大学名誉教授。引き続き、甲南女子大学学長を務めた。
著書に『デューイの教育学』（玉川出版部、1947）、『小原教育』（玉川大学出版部、1959）、『教育学』（ミネルヴァ書房、1966）、『教育原論』（玉川大学出版部、1976）等がある

岡田陽（おかだ　あきら　1923–2009）
鳥取県出身。岡田資中将の長男として生まれる。１９４２年、玉川工業専門学校卒業。小原國芳の次女純子と結婚。玉川学園中学部長、高等部長を経て、玉川大学文学部芸術学科（演劇専攻）教授を務める。２００４年、日本児童演劇協会賞を受賞。
多数の学校劇脚本を著し、多くの演劇教育者を育成した他、声優の田中信夫、俳優の西岡徳馬、演出家の藤田明二、宮本亜門等の演劇関係者を育てた。
著書に、『日本の童話』（玉川大学出版部、1949）、『ドラマと全人教育』（玉川大学出版部、1985）、『子どもの表現活動』（玉川大学出版部、1994）等がある。

岡本敏明（おかもと　としあき　1907–1977）
宮崎県出身。牧師岡本松籟の子として生まれる。1929年、東京高等音楽院（現、国立音楽大学）を卒業後、創立されたばかりの玉川学園で音楽教師になる。小原國芳を訪ねてきたスイスの教育家、チンメルマン博士との出会いによって、「蛙の合唱」を世に出した。また小原國芳夫妻が引率する玉川学園公演団（体操と合唱）と一緒に訪れた秋田の小学校において「どじょっこ、ふなっこ」も誕生させた。
戦後は国立音楽大学の設立に携わるとともに、文部省図書編集委員として、音楽教科書、音楽の学習指導要領の作成にも携わった。多くの輪唱曲、また、「玉川学園校歌」をはじめ多くの学校の校歌の作曲をした。

長田新（おさだ　あらた　1887–1961）

長野県諏訪郡豊平村（現、茅野市）出身。広島高等師範学校英語科を卒業。

大分県師範学校で務めた後、1912年、京都帝国大学文科大学哲学科に入学。1917年、澤柳政太郎のもとで成城小学校の創立に参画した。

1919年、小原國芳と入れ替わるように、成城より広島高等師範学校へ異動。

同年、広島高等師範学校の講師。翌年教授となる。専攻は西洋教育思想史。1945年8月6日、旧制広島文理科大学（広島高等師範学校の後身、広島大学の前身）教授在任中に広島に投下された原爆により被爆。重傷を負うが、家族や教え子の看護で一命をとりとめた。

1947年、日本教育学会初代会長に就任。

著書に、『ペスタロッチー教育学』（岩波書店、1934）、『フレーベルに還れ』（大八洲出版、1949）等がある。


貝原益軒（かいばら　えきけん　1630–1714）

筑前国（現、福岡県）の出身。福岡藩士、貝原寛斎の5男として生まれる。

1648年、18歳で福岡藩に仕えたが、2代藩主黒田忠之の怒りに触れ、7年間の浪人生活を送る。その後3代藩主光行に許され、藩医として帰藩する。

1657年、藩の命で京都留学し、本草学や朱子学を学ぶ。このころ、儒学者の木下順庵、山崎闇斎、松永尺五らと交友を深める。1664年に帰藩し、藩内での朱子学の講義や、朝鮮通信使への対応を任された。

1699年、70歳で役を退き著述業に専念した。

著書に、『養生訓』や『和俗童子訓』、その他『筑前国続風土記』（編纂）等がある。

上寺久雄（かみでら　ひさお　1920–2018）
広島県出身。小原國芳の呼びかけに応じて、玉川大学文学部教育学科（通信教育課程）に入学。卒業後はさらに、広島大学大学院で学んだ。
1964年、デューイ教育学の研究で教育学博士（広島大学）。大阪市教育研究所所長、大阪教育大学教授を経て、1984年、兵庫教育大学学長。1992年、文部省「高等学校教育の改革の推進に関する会議」で座長を務める。
著書に、『親よ、親であれ　家庭教育のバックボーン』（黎明書房、1971）、『現代教師論　教育道・授業道を求めて』（協同出版、1981）、『教育界のさまよい鳥　教師道に生きた軌跡』（リトル・ガリヴァー社、2001）等多数。

金城哲夫（きんじょう　てつお　1938–1976）
沖縄県出身。1955年、小原國芳の全人教育を受けるべく、沖縄から上京して玉川学園高等部に入学。大学は玉川大学文学部教育学科へ進んだ。
高等部時代に国文学・民俗学への手ほどきをしてくれた上原輝男教諭が、1957年専任講師として教育学科に異動していたこともあり、教育学科在学中も上原講師の指導を受け、その影響により「脚本」に興味を持った。
玉川大学を卒業した金城は、1963年4月に設立された円谷特技プロダクションに参画。企画文芸室長として企画立案と脚本を手掛けた。その結果誕生したのが『ウルトラQ』や『ウルトラマン』などの作品であった。

近衛秀麿（このえ　ひでまろ　1898–1973）

東京都出身。公爵近衛篤麿の次男として生まれる。近衛文麿元総理大臣は長兄。

1915年、ドイツ留学から帰国した山田耕筰に作曲を学ぶ一方、東京音楽学校（現、東京芸術大学）にあった交響曲を精力的に写譜するなど、オーケストラへの興味を強めていった。

1923年、ヨーロッパに渡り、ベルリンで指揮をエーリヒ・クライバー等に師事した。ヨーロッパ滞在中の1924年、近衛秀麿はベルリン・フィルハーモニー管弦楽団を雇い、ヨーロッパでの指揮者デビューを果たした。日本におけるオーケストラのパイオニア的存在。

1952年、近衛交響楽団を旗揚げ、1956年、ABC交響楽団に改組した。その4年後の1960年、「玉川学園音楽祭」においてベートーヴェンの「第九」とヘンデルの「ハレルヤ」を演奏した。

小林宗作（こばやし　そうさく　1893–1963）

群馬県出身。吾妻郡岩村町（現、東吾妻町）の農家の三男として誕生。

１９１７年、東京音楽学校乙種師範科（現、東京芸術大学音楽学部）を卒業。公立小学校や成蹊小学校において音楽教育に傾倒。

１９２３年、スイス・フランス・ドイツ・イタリア・イギリスに留学。ダルクローズ音楽学校では、リトミックをダルクローズから直接学ぶ。

１９２５年、ヨーロッパからの帰国後、小原國芳の招きで成城学園入り。成城幼稚園の主事を務めた。

１９３３年に起こった成城事件を機に、小原國芳が成城を去り、玉川学園の教育に専念するようになると、小原派であった小林も成城を去り、１９３７年、自由が丘にリトミックを教育基盤においた幼少一貫校の「トモエ学園」を創設した。そこで学んだ一人が黒柳徹子であった。

小西重直（こにし　しげなお　1875–1948）

山形県米沢市出身。父は旧米沢藩士。旧姓富所。旧制第二高等学校を経て東京帝国大学を卒業。ドイツ留学を経て、旧制第七高等学校在任中の１９１３年、京都帝国大学教授に就任した。

１９１５年、京都帝国大学に進学した小原國芳と出会い、教育学の担当教授となる。小西は京都帝国大学教授を務める傍ら、１９１７年、成城小学校の創立の際は学園顧問となり、さらに、１９２７年から１９３３年までは成城学園総長を務めた。１９３３年、小西は京都帝大総長に選出された。

著書に『教育の本質観』、『労作教育』（ともに玉川学園出版部、1930）等がある。

斎田喬（さいだ　たかし　1895–1976）

香川県丸亀の出身。１９１６年、香川県師範学校を卒業。在学中に小原國芳の教えを受けた。さらに京都高等工芸学校を卒業した。

卒業後は、故郷丸亀の小学校に勤務していたが、１９２０年、恩師小原國芳の招きで成城小学校の教師となり、学校劇運動、自由画教育運動を指導した。

１９３３年、成城事件をきっかけに小原が成城学園を辞めると、斎田も退職。

１９３４年より１９４７年まで、児童劇団テアトロ・ピッコロで劇を作り、演出活動を展開した。１９４８年、児童劇作家協会（後の日本児童演劇協会）を設立、会長となる。１９５５年、「斎田喬児童劇選集」で芸能選奨文部大臣賞を受賞した。

澤柳政太郎（さわやなぎ　まさたろう　1865–1927）
長野県松本の出身。松本藩士、澤柳信任の長男として生まれる。開智学校から東京高等師範学校附属小学校（現、筑波大付属小）へ転校。第一高等学校を経て、帝国大学文科大学を卒業。文部次官、東北帝国大学初代総長、京都帝国大学第五代総長等を歴任した。
１９１７年、陸軍士官学校の予備門であった旧制成城中学校の校長に就任。同校内に新教育の実験校として成城小学校（成城学園の起源）を創立した。
１９１９年、広島高等師範学校附属小学校理事（教頭格）であった小原國芳を2代目の主事として招聘した。成城小学校は大正自由主義教育運動の震源地となり、その後の日本の新教育運動に多大な影響を与えた。著書に『実際的教育学』（同文館、1909）等がある。

シュナイダー（Hannes Schneider, 1890–1955）

オーストリアのアールベルク地方、ステューベン出身のスキーヤー。

ノルウェーで始まったスキーは、19世紀後半からヨーロッパ各地に広がった。

オーストリアの山間にも導入され、シュナイダーは１８９８年、９歳のときにスキーを始めた。才能に恵まれたシュナイダーはめきめき実力を発揮し、１９２０年には山岳映画の巨匠ファンク氏とともに、映画「スキーの驚異」を完成し、さらに同名のスキー教本を執筆して、国内外のスキーヤーに影響を与えた。

１９３０年3月、小原國芳の招聘によって来日。日本各地でスキーの講習会をすることによって、日本のスキーはアールベルク・スキー術へ一変した。


シュライエルマッヘル（Friedrich E. D. Schleiermacher, 1768–1834）

ドイツの哲学者・神学者。シュレジエン地方のブレスラウで改革派（プロテスタント＝福音主義）教会の牧師の子として生まれる。

１７８７年、ハレ大学にて、哲学、神学を学ぶ。

１７９９年に刊行した『宗教論—宗教を軽んずる教養人への講話』（〝Über die Religion〟）において、シュライエルマッヘルは「宗教の本質は知識や行為ではなく、直観と感情である」と述べて、感情を中核にした信仰概念の把握を説いた。

『宗教論』を刊行した後の１８０９年、ベルリンの「三位一体教会」の牧師となり、１８１０年、ベルリン大学創設とともに、ベルリン大学の神学教授に就任した。

竹村吉右衛門（たけむら　きちえもん　1900–1984）

秋田県大館の出身。小樽高等商業学校（現、小樽商科大学）を経て、1924年、東京商科大学（現、一橋大学）商学部を卒業。

大学卒業後、安田銀行に入行。安田銀行貸付課長兼金融課長時代に、融資のお願いに安田銀行を訪ねた玉川学園長小原國芳と初めて出会う。頭取との対応において、真摯かつ堂々とした小原國芳の態度を傍で見て、竹村は感銘を受けた。

竹村はその後、小舟町支店長、取締役本店営業部長、日本貯蓄銀行専務取締役を歴任。戦後公職追放になったが、1950年、安田生命保険取締役会長に復帰した。

玉川学園理事を務め、小原國芳の葬儀の際は、葬儀委員長も務めた。


朝永三十郎（ともなが　さんじゅうろう　1871–1951）

長崎県川棚の出身。大村藩士、朝永甚次郎の子として生まれる。ノーベル賞受賞者の朝永振一郎は長男。旧制第一高等学校を経て、東京帝国大学で学ぶ。

1907年、京都帝国大学文科大学哲学科助教授となる。1909年から1913年までヨーロッパ諸国に留学し、ドイツのハイデルベルク大学でヴィンデルバントに学んだ。1913年教授になり、西洋哲学・哲学史を講じた。

小原國芳が京都帝大哲学科に入学したのは、1915年のことであり、朝永教授から多くを学び、影響を受けた。

著書に『近世における「我」の自覚史　新理想主義と其背景』（東京寳文館、1916）等がある。


野口援太郎（のぐち　えんたろう　1868–1941）

筑前国木屋瀬村（現、福岡県八幡西区木屋瀬）の出身。

1886年、福岡縣尋常師範学校へ入学。卒業後、さらに東京高等師範学校へと進学した。東京高師卒業後は、母校福岡縣尋常師範学校教諭を経て、1901年、兵庫縣第二師範（後の姫路師範学校）の初代校長になった。

1914年、文部省の命を受け、野口はドイツ、フランス、アメリカに1年間留学。これを機に、欧米新教育の実践を見て回った。

1919年、澤柳政太郎から帝国教育界入りを懇願され上京。

1924年、子どもの自由な成長を願って「池袋児童の村小学校」を創立した。

野間清治（のま　せいじ　1878–1938）

群馬県山田郡（現、桐生市）の出身。小学校教員の子として生まれる。

１９０２年、東京帝国大学文科大学の第一臨時教員養成所国語漢文科に入学。卒業後、沖縄県立中学校教諭、沖縄県視学等を務め、その後大日本雄辯会を創立した。

１９１１年、講談社を創業。雑誌「講談倶楽部」を創刊するなど、出版界に進出。

１９１２年、剣道の稽古中にアキレス腱を断裂し、修行は断念したが、その後屋敷内に「野間道場」を開設して、持田盛二や中山博道など有名な剣道家を歓待した。

１９２９年、小原國芳が南多摩に約40万坪の土地を求め、玉川学園と学園町を一体のものとして建設しようとしたとき、土地買収の資金を融資して協力した。

波多野精一（はたの　せいいち　1877–1950）

長野県松本の出身。松本藩士、波多野敬の次男として生まれる。

旧制第一高等学校を経て、１８９６年、東京帝国大学文科大学哲学科に入学。さらに大学院に進学し、ケーベル博士の指導の下、近世哲学を研究した。

１９０４年、東京帝国大学大学院の修了にあたり、波多野が提出したのが、独文の「スピノザ研究」であった。その後、ドイツへ留学。

１９１７年、京都帝国大学哲学科宗教学（キリスト教）講座の担当教授になる。

京都帝大に在学中であった小原國芳は、波多野精一に卒業論文の指導を受けた。

著書に、『基督教の起源』（警醒社、1908）、『宗教哲学』（岩波書店、1935）、『宗教哲学序論』（岩波書店、1940）、『時と永遠』（岩波書店、1943）等がある。

広瀬淡窓（ひろせ　たんそう　1782–1856）

豊後国日田郡（現、大分県日田市）の出身。少年のころより聡明で、10歳のとき、松下筑陰に師事し、詩や文学を学んだ。

１７９７年、16歳のときに筑前国亀井塾に遊学し、亀井南冥・昭陽父子に師事した。だが大病を患い19歳の暮れに退塾し、帰郷。命を救ってくれた医師倉重湊の言葉に従って、教育者の道を選ぶ。

１８０５年、24歳のとき、日田町の長福寺に初めて塾を開き、これを後の桂林荘、咸宜園《かんぎえん》塾へと発展させた。全国から集い学ぶ塾生の姿を詠んだ「桂林荘雑詠諸生に示す」の漢詩は有名である。

ブック（Niels Bukh, 1880–1950）

デンマーク体操の第一人者。オレロップ体操高等学校の創始者。

デンマークでは、度重なる敗戦の歴史を経て国の復興運動を進めていたが、その一環として、ブックは国民体育・社会体育を進展させるため、人間の運動能力を偏りなく発達させ、維持させる目的を持つ体操を考案した。

ブックの体操の特徴は、均整のとれた調和的な身体発育を目指すものであった。彼は特に、柔軟性、強靭性、巧緻性の要素を大事にして、振動形式の動作を多く採り入れ、運動に流れを持たせてリズミカルなものにし、「基本体操」と名付けた。ブックの体操に魅せられた小原國芳は、１９３１年、ブック一行26名を日本に招聘した。

フレーベル（Friedrich W. A. Fröbel, 1782–1852）

ドイツの教育家。牧師の子として、オーバーヴァイスバハに生まれる。

ペスタロッチーによる直接的感化と、ロマン主義哲学の影響のもと、人間の本務は、その本性（神性）を表現することであると説いた。神性の特徴は、「自発性」と「創造性」にあり、それは「遊び」（〝Spiel〟）の中においてこそ実現されるものであった。

このような「遊び」の思想に基づいて、フレーベルは１８４０年、世界で最初の「幼稚園」（〝Kindergarten〟）を創設して自ら幼児教育にあたった。

主著に、１８２６年に出版された〝Die Menschenerziehung〟（『人の教育』）がある。

１９２９年、小原國芳は日本で初めて、この本の完全訳をイデア書院から出版した。

吉田松陰（よしだ　しょういん　1830–1859）

長州萩城松下村《まつもと》（現、山口県萩市）の出身。長州藩士、杉百合之助の次男として生まれる。１８３４年、叔父で山鹿流兵学師範、吉田大助の養子となり、兵学を修める。

１８３５年、同じく叔父の玉木文之進が開いた松下村塾で指導を受けた。

時は流れて、１８５４年、ペリーが日米和親条約締結のために再航した際、密航を試み、捕えられて伝馬町牢屋敷に投獄。翌１８５５年に出獄を許された。

１８５７年、叔父が主宰していた松下村塾の名を受け継ぎ開塾した。この塾において松陰は、久坂玄瑞、高杉晋作、伊藤博文などを教育した。

ランシング (Harriet M. Lansing, 1863–1931)
アメリカ人女性宣教師。ニュージャージー州の生まれ。明治20年代に来日。

1905年4月、小原國芳は鹿児島縣師範学校に入学したが、最初の日曜日、偶然にも見つけた教会が「山下町教会」であり、そこで出会ったのがランシング女史であった。ランシング女史は、初めての出会いにもかかわらず小原を見込んで、次の週から小学生の日曜学校を手伝わせ、キリスト教へと導いた。母を早くに亡くした小原にとっては、ランシング女史は母の生まれかわりのようにも感じられた。

1925年、小原は成城を北多摩郡砧村へ移動したが、その際自分の家のすぐ傍に西洋式家屋を建て、年老いたランシング女史を鹿児島から呼んで住まわせた。

著者略歴

潟山 盛吉　GATAYAMA Morikichi

1906（明治 39）年、鹿児島県伊集院の生まれ。鹿児島県久志出身の代議士、中村嘉寿の運転手を務めた後、1925 年 9 月、成城学園の小原國芳の運転手となる。成城学園の草創期を体験する。1929 年小原國芳が玉川学園を創立した際は、小原國芳の運転手として玉川学園の創立に加わり、玉川学園の発展を身近かに見守る。1966 年定年退職となるも、小原國芳の希望で嘱託の運転手を 10 年間続け、1976 年 3 月、玉川学園を退職した。成城学園、玉川学園の学生、教職員から「ガタさん」の愛称で親しまれた。1983 年、『小原先生と共に』を自費出版する。1997（平成 9）年 12 月逝去。享年 91 歳。

石橋 哲成　ISHIBASHI Tetsunari

1948（昭和 23）年、福岡県柳川の生まれ。玉川学園中学、高等部を経て、1970 年玉川大学文学部教育学科卒業。1 年間小原國芳学長の随行秘書を務めた後、更に玉川大学大学院文学研究科教育学専攻（博士課程）、並びにドイツ、テュービンゲン大学に学ぶ。1982 年以降、母校玉川大学文学部、教育学部で教壇に立ち、2009 年より玉川学園理事（初等・中等教育担当）を兼任。2013 年 3 月に定年退職。現在、玉川大学名誉教授。最近の著書に、『西洋教育史　改定版』（編著、玉川大学出版部、2019）、『こんな子育ていいな！』（一藝社、2019）、『全人教育の歴史と展望』（共著、玉川大学出版部、2021）などがある。

＊本書に掲載した写真等の図版につきましては充分な調査をしておりますが、お気づきの点がございましたら玉川大学出版部までご一報ください。

身近かで見た小原國芳先生——体験的小原國芳論

2024年4月8日　初版第1刷発行

著者——————潟山盛吉・石橋哲成
発行者—————小原芳明
発行所—————玉川大学出版部
〒194-8610　東京都町田市玉川学園6-1-1
TEL 042-739-8935　FAX 042-739-8940
www.tamagawa-up.jp
振替：00180-7-26665
装幀——————松田洋一
印刷・製本———モリモト印刷株式会社

乱丁・落丁はお取り替えいたします。

ISBN978-4-472-30315-9 C0037 / NDC370

玉川大学出版部の本

全人教育論

小原國芳 著

全人教育の全体像を示す著者の代表作。人格形成には、学問、芸術、道徳、宗教、健康、技術の調和を発達させる必要があると説く。

四六判上製　定価一七六〇円

教育とわが生涯　小原國芳

南日本新聞社編

鹿児島に生まれ、苦学ののち京都大学哲学科を卒業、成城学園主事を経て、玉川学園を創立した小原國芳の波乱に富んだ生涯をつづる。

B6判上製　定価一六五〇円

全人教育の歴史と展望

小原芳明 監修

小原國芳の生涯、著書、玉川学園の歴史など多様な視点からその理論を読み解き、現代の教育実践まで解説する。巻末には國芳の言葉を集めた資料編を収録。

A5判上製　定価二四二〇円

全人教育の手がかり

小原哲郎 編

玉川学園創立者が提唱した、全人教育理念の継承と発展を意図した論文集。30編の論文により、あらゆる角度から「全人教育」を究明。

B6判上製　定価二二〇〇円